ほんとうの宗教とは何か

宗教心を失った日本人のための

青の巻

ひろさちや

ビジネス社

はじめに

日本人は「宗教音痴《おんち》」だと言われています。

日本人は宗教が嫌いではありません。むしろ好きなんです。音痴という人――じつはわたしがそうなんですが――は、音楽が嫌いではありません。音楽は好きなのに、ただうまく歌えないのです。

それと同じで、日本人は宗教、あるいは宗教的なものが大好きなんですが、ただ宗教音痴なもので、うまく宗教と付き合えない、あるいは宗教をうまくコントロールすることができないのです。それで失敗ばかりしています。

かりに日本人に宗教のイメージを尋ねてみます。「あなたは宗教というものを、どのようなイメージでとらえていますか？」といった質問に、次の三つのものから選んでもらいます。

1 空気
2 水
3 火

するとたいていの人は、空気か水を選びます。あなたはいかがですか？

わたしは、「火」を選びます。

理由は、空気や水は動物にとっても必要なものです。しかし、火は、人間以外の動物には扱えません。人間だけが火を使うことができます。つまり、動物には宗教は必要なく、人間だけが宗教を必要としています。だから、わたしは宗教を火のイメージでとらえています。

ところが、火は、下手をすると火傷《やけど》をします。火事になります。

それと同様に、宗教は恐ろしいものです。下手をすると、宗教の故に戦争になったり、人が迫害され、殺される目にあいます。

オウム真理教事件のときに、日本人は宗教のこわさを知ったはずです。

いや、じつはそれ以前に、天皇を現人神《あらひとがみ》とする国家神道のこわさを日本人は知っているべきだったのに、宗教音痴の日本人はほんとうの宗教は何かを知らなかったためにインチキ宗教の国家神道に騙《だま》されて、何百万人という日本人が無謀な戦争の犠牲になって死んでしまったのです。

＊

そこでわたしは、

『ほんとうの宗教とは何か』

と題する本を書きました。宗教音痴の日本人に、宗教のすばらしさと同時に宗教のこわさを知っていただくためです。読者は、本書によって宗教をうまくコントロールし、ご自分の人生を豊かにしてください。

なお、本書は二部に分かれています。

『ほんとうの宗教とは何か（青の巻）』

『ほんとうの宗教とは何か（白の巻）』

と二冊になっています。普通であれば、これは「上巻」と「下巻」にするところですが、どちらを先に読んでいただいてもいいので、「青の巻」「白の巻」にしました。

参考のために、「白の巻」の章の題名を書いておきます。

第1章　神道とは何だろう？
第2章　仏教とは何だろう？
第3章　一神教——ユダヤ教、キリスト教、イスラム教——とは何だろう？
第4章　儒教とは何だろう？

二〇一五年六月

ひろさちや

もくじ

はじめに……3

第1章

宗教とは何だろう？

第2章 宗教の根本を考えてみよう

第3章

宗教は「人生の問題」に関わる

第4章

宗教と道徳はどう違うの？

第5章

宗教心を失った日本人

第6章

宗教心のある暮らしへ

第1章

宗教とは何だろう?

宗教って、いったい何？

これから宗教について論じていきます。そのためには「そもそも宗教とは何か」について言及しておかなくてはいけません。

そんなこと、わかるよ。宗教は人の道を教えるものだろ。道徳みたいなものだよ。そんなふうに考える人もいるかもしれません。

あるいは、神様や仏様の教えじゃないの。まぁ、わたしは信じていないけれど。そういうふうに考える人もいるかもしれません。

さらには、宗教が何かなんて、辞書を見ればわかるじゃないか。そう思う人もいるでしょう。

それぞれの考えや言い分、確かにわかります。でも、宗教とは何か、宗教をどう定義したらよいかは、じつはそう簡単なことではないのです。なにしろ宗教の定義は、宗教学者の数だけある、と言われるほどですから。まぁ、それは半ばジョークとしても、確かに多くの定義が存在します。

たとえば、オランダの宗教学者、ティーレ（一八三〇～一九〇二）は「宗教とは、神と人との関係である」と定義しました。ウン、ウン、なるほどと、うなずく人もいるでしょう。しかしこの定義は、キリスト教に関しては適切でも仏教には当てはまりません。仏教徒が信じている仏（ブッダ）は、キリスト教の神（ゴッド）とは大きく異なっているからです。

また、神学者・哲学者のドイツ人、シュライエルマッハー（一七六八～一八三四）は「無限なるものを認知する能力」、言語学者・東洋学者・比較宗教学者のドイツ人、マクス・ミュラー（一八二三～一九〇〇）は「ひたすらな依存感情」と、宗教をそれぞれ定義しています。これら二つは意味がずいぶん違いますね。前者は人間が主体的に認知しようとしているのに対し、後者では、何かしらのものにひたすら頼ろうとしています。

いったい何が正しく、何が間違っているのか。そう考えたくなるでしょう。しかし、いずれの定義も間違ってはいないと考えてください。そう考えたほうが妥当です。宗教には多面性があるからです。

では、わたしが考える宗教の定義は何か。それは「わたしたち人間の生き方を教えるもの」です。あるいは「人間らしく生きるにはどうしたらよいかを教えるもの」です。それが宗教であると、わたしは考えています。

ニセモノ宗教やインチキ宗教もある

わたしなりに宗教を定義してみました。その宗教をさらに分類して考えてみましょう。かといって、神道、仏教、ユダヤ教、キリスト教……と分けようというわけではありません。もちろん、そうした分類法もありますが、ここでは違った視点から考えて分けてみます。その分け方によると、宗教は——

(1) ホンモノ宗教
(2) ニセモノ宗教
(3) インチキ宗教
(4) オドカシ宗教
(5) インポテ宗教

——の五つに分類することができます。

宗教にはホンモノやニセモノ、インチキがあるのか。それにしても、オドカシとかインポテって何だろう？　そう思う人もいるでしょうね。では、ひとつずつ説明してみます。

(1)のホンモノ宗教というのは、文字どおり本物の宗教のことです。私の考えによると、わたしたちに人間としての生き方を教えてくれる宗教のことです。本物の仏教、本物の神道、本物のキリスト教などは、ホンモノ宗教の典型です。じゃあ、本物ではない仏教や神道、キリスト教もあるのかといった疑問が出るでしょうが、これがあるのです。このあたりのことは追って詳述していきます。

(2)のニセモノ宗教とは、言葉のとおり、本物ではない宗教のことです。典型的な例は国家神道です。国家神道とは、天皇をトップにいただいた臣民が守るべき道で、明治政府によって「大教」の名前で全国民に強制されました。明治政府が国民を国家の都合に合わせて操るためにつくった道、それが国家神道です。かりに「宗教」という言葉を使うとしても、あくまでも「　」付きです。とても本物の宗教とはいえません。

(3)のインチキ宗教は別名を「御利益《ごりやく》信仰」と言います。「この宗教を信じると、病気が治りますよ」「わが教団に寄付すると、幸せになりますよ」といったふうに、御利益をエサに信者を獲得するような宗教のことです。固有名詞は言いませんが、思い当たる宗教のある人もいるでしょう。

（4）のオドカシ宗教は人々の恐怖心を利用した宗教のことです。たとえば、俗に言う葬式仏教。親の葬式をちゃんとやってあげないと、死んだ親は浮かばれない、祟《たた》られる、といった迷信的な恐怖心に便乗して、お坊さんはお金を儲《もう》けています。これはオドカシ宗教と言ってよいでしょう。

ただし、じつのところ、葬式は仏教とは関係ありません。葬式は習俗、あるいは行事であって、宗教とは関係がないのです。その証拠に、宗教を否定した旧社会主義国でも葬式は行なわれていました。現在の中国でも葬式は行なわれています。それに、そもそもお坊さんは葬式をやってくれません。葬式を執り行なうのは、通常、葬儀屋です。そう考えると、葬式仏教はオドカシ仏教と同時にニセモノ宗教といえます。

（5）のインポテ宗教、このインポテはドイツ語の「インポテンツ」、あるいは英語の「インポテンス」を略したもので、本来の意味は性的無能力です。ここから転用して、インポテ宗教は宗教的な救済力を失った宗教、あるいはもっと単純に、パワーを失った宗教のことを指しています。本来の仏教はホンモノ宗教ですが、今の日本の仏教はインポテ宗教に、私には思えます。

以上、わたしが考える宗教の五分類を挙げてみました。この分類は、ひとつの宗教がどれかひとつに対応するとは限らず、同時に二つ以上の性格を持つこともあります。オドカシ仏教で、かつニセモノ宗教である葬式仏教はその一例です。

わたしたちが「宗教」と言う場合、神道、仏教、ユダヤ教、キリスト教……といった種類とは別に、ホンモノ宗教、ニセモノ宗教、インチキ宗教……といった分け方もあることを心にとめておいてください。なにしろまがいものの横行する世の中ですから。

人間とは何か

宗教を「わたしたち人間の生き方を教えるもの」、あるいは「人間らしく生きるにはどうしたらよいかを教えるもの」と定義すると、では、人間とは何か、といった問題が生じます。とりわけ人間とほかの動物とを区別するものは何か。そういう疑問が浮かびます。人間の定義としては「直立二足歩行をする」「火を使う」「言語を用いる」など、いろいろあるでしょう。これらもそれぞれ人間を特徴づけているもののように思えます。

でもわたしの考えは、これらとは異なります。わたしの考える人間、それは「宗教を持っている存在」です。宗教を持つゆえ、人間は人間たりうる。わたしはそう思います。

これは次の公式で表わすことができます。

動物＋宗教＝人間

人間も動物ですね。その動物に宗教が加わることで人間になるわけです。この公式は次のようにも表わせます。

人間－宗教＝動物

動物を英語で言うとアニマルですね。戦後の日本、とりわけ池田勇人が首相になった一九六〇年以降の日本は、エコノミック・アニマルの道をひた走ります。所得倍増計画とそれに続く高度経済成長、さらにバブル経済と、日本人はひたすら金《かね》を追い求める動物になってしまいました。

それは不況になって以降も変わりません。何はともあれお金のことが問題になり、給料がいいとか悪いとか、株価が上がるとか下がるとか、経済が成長できるかどうかとか、そんなことばかりが世間の話題に上ります。相変わらずの「金、かね、カネ」の亡者ぶりで、そこに宗教は微塵《みじん》も感じられません。まさにエコノミック・アニマルの世の中です。

アニマルですから犬や猫と変わりません。宗教のない人間は犬や猫と同じ。わたしはそのように感じ、考えています。もっとも犬や猫が金儲けのことを考えているとは思えませんが。

人間は弱く、不完全な存在である

「動物＋宗教が人間である」と書きました。では、宗教は人間をどうとらえているのでしょうか。

宗教は人間を「不完全なものである」「弱いものである」「愚かなものである」ととらえています。「人間は不完全だ」「人間は弱い」「人間は愚かだ」と教えているのが宗教である、ともいえます。

ユダヤ教、キリスト教、イスラム教の一神教でいえば、完全な存在は神だけです。人間は不完全で弱く、愚かしいことをしょっちゅうする。一神教では、人間をそのように見ています。

『新約聖書』の「ルカによる福音書」には「わたしたちを誘惑に遭わせないでください」という一節があります。誘惑に遭えば、人間はひとたまりもなく、その誘惑に負けてしまう。そのことがわかるからこそ、イエスは「誘惑に遭わせないでください」と神に祈り、わたしたちにも同様に祈るように教えているのでしょう。

仏教でも、人間は弱く不完全な存在と考えているところがあります。だから、仏教では「仏様にお任せしなさい」と教えます。

ところが、明治時代から昭和の戦前まで、日本では、天皇を現人神《あらひとがみ》にした。生ける神。人の姿を備えた神。この世に人間の姿で現われた神――それが現人神です。

明治維新を遂げた薩長土肥《さっちょうどひ》出身の政治家たちは、ヨーロッパの列強にはキリスト教という強いバックボーンがあることに気づきます。キリスト教を柱に国民がまとまり、アジアなどに進出、侵攻している。このままでは日本も植民地にされてしまう。絶対の存在をつくらないと、世界の国々、とりわけヨーロッパ列強に対抗できない。明治の政治家や高官たちはそのように考えたのでしょう。

そして、天皇を神にし、絶対無謬《むびゅう》の存在にしました。大日本帝国憲法（明治憲法）に「天皇ハ神聖ニシテ侵スヘカラス」と定め、天皇の神格化を進めました。

天皇＝神のモデルはキリスト教のゴッドです。完全無欠な存在であるゴッド。でも、天皇が神であるはずがありません。のちに天皇自身、「人間宣言」をして、自分は神でなく人間であると宣言していることからも、それは明らかです。

じつは大日本帝国憲法でも信教の自由はありました。その二八条には「日本臣民ハ安寧秩序ヲ妨ケス及臣民タルノ義務ニ背カサル限ニ於テ信教ノ自由ヲ有ス」とあります。「日本臣民は、安寧秩序を妨げず、かつ臣民としての義務に背かない限り、信教の自由を有する」ということです。

となると、現人神を頂《いただき》とする国家神道を強制できなくなってしまう。そこで、明治政府は国家神道は「大教」で、それは宗教ではなく「臣民の道」であるとして、国民に押しつけたのです。宗教としてはニセモノです。

話が少しそれてしまいました。話を戻すと、世界のほとんどの宗教は「人間は弱く、愚かで、不完全な存在」であると見ています。完全無欠な人間など存在しない。宗教を理解するためには、これはぜひ知ってほしいことです。

学校では宗教を教えられない

人間が動物にならないために、さらに言えばエコノミック・アニマルにならないために、どこでどのように宗教を学べばよいでしょうか。小学校？　中学校？？　いいえ、違いますね。それは最悪のあり方です。小学校や中学校で宗教教育をするなど、極めて危なっかしい。よいことはひとつもありません。

そもそも義務教育――今の日本の小学校と中学校が相当しますね――は、革命後のフランスで生まれました。フランス革命で国民国家が誕生して、国民が兵士にならないといけなくなりました。それまでは国家は国王のもので、国王は兵を雇っていたのです。傭兵《ようへい》ですね。ところが革命によって国王を処分してしまったから、自分たちが兵士になって、自分たちで戦わないといけなくなった。そこで戦争の技術を国民に教え込むためにつくられたのが義務教育なのです。

意外でしょ。でも、これは真実。義務教育の原点は兵士教育、軍人教育であることをまず知ってください。

このあり方を日本は参考にして、受け入れます。明治時代になると、国民を兵士にする必要性が生じてくる。江戸時代には存在していた武士――職業軍人ですね――がいなくなったため、庶民を兵士に育てなくてはいけなくなったからです。そこで活用されたのが義務教育だったのです。

だから当初、つまり明治時代の前半ごろまでは、多くの家庭で子供を学校に行かせることに抵抗しました。それはそうです。農家や商家では子供も一家の大事な働き手。学校に取られると困るのです。農家や商家にとっては、生活権が侵害されたようなものだったでしょう。

でも、それは昔の話じゃないか。時代が違う。今の学校なら宗教教育もできるのではないか。そのように考える人もいるかもしれませんが、内実は今も大して変わっていません。兵士教育、軍人教育をするかわりに、今は産業兵士を育成する手伝いをしています。経済の成長、発展の〝戦力〟になる人間を養成しようとしています。そんなところで宗教を教えることができますか。無理です。できないでしょうね。

そもそもわたしは日本の小学校や中学校は刑務所のようなところだと思っています。制服を着せられたり、髪の長さを規制されたり、持ち物検査をされたり……。そんなことをされるのは奴隷か囚人か帝国主義の軍人だけです。やはりそんなところで宗教を教えることはできません。

教育についてもう少し言及すると、日本の教育は義務教育と後期中等・高等教育に分けることができます。

義務教育とは、小学校と中学校に通うことを国家が義務づけている教育のことです。後期中等・高等教育とは、高校や大学、専門学校などで学ぶことです。これは国民の義務ではありません。高校に行ってもいいし、行かなくてもいい。大学も行ってもいいし、行かなくてもいい。どっちでもいい。つまり、当人の任意です。

ついでながら書けば、自動車学校に行くかどうかも任意ですね。「満十八歳を迎えた日本国民は自動車学校に入学しなければならない」などという法律はないし、自動車運転免許を取得しないといけないという法律もないですから。

それはさておき、国民に義務を課しているのは国家です。その国家というものは、わたしたち国民から「何かしらを奪うもの」と、わたしは認識しています。納税の義務はわたしたちから財産を奪う。兵役の義務はわたしたちから命を奪う。そして義務教育はわたしたちから魂を奪う。それが国家の本質のひとつです。

第4章で詳しく書くように、学校では道徳は教えるでしょう。でも、宗教は教えないし、教えられません。わたしたちから魂を奪うことをしている学校で宗教を教えられるはずはないのです。

宗教は家庭にしかない

では、宗教はどこで学ぶものなのか。それは家庭です。宗教は家庭にしかない。そう言ってもよいほどです。

そもそも神や仏は、何も学んで信じるようなものではありません。縁《えん》があって、つながりを持つものです。自分の生まれた家の宗教や宗派は、せっかくの縁ですから、原則としては、それを大切にすればよいでしょう。

家庭の中で大きな役割を持つのは、父母に加えて祖父母です。しかし今では核家族が珍しくありません。子供一人で、父母と三人家族という家庭もまったく珍しくありません。これでは宗教に触れることはなかなか難しい。

「家族は城なり」という格言がイギリスにあります。これは、家族という「城」は法律といえども入り込めない治外法権の領域である、という意味を含んでいます。そこでは法律のかわりに、家長や一族の長が物事を決めます。世界の多くの国を見ても、家族は外敵、つまり国家や権力者から身を守る「砦《とりで》」になっています。

では、そもそも家族とは何でしょうか。五十歳前後のある男性に「あなたは何人家族ですか」と聞いたところ、彼は「二人です。妻とわたしの二人」と答えました。別の三十五歳の男性は「妻と息子一人で三人です」と。フムフム、とうなずきつつ、内心、わたしは「アホか」と思っていました。

だいぶ前のことですが、知り合いのパキスタン人が日本に来て、その面倒を見たことがあります。そのとき、なんとはなしに「あなた、何人家族？」と聞きました。ところが彼は「よくわからない」と言う。家族の人数も知らないとは、どういうことだろう、と思いましたが、五年ほど経って電話がかかってきたときに疑問が解けました。彼、「このたび、家族会議の議長に選ばれました」と言うのです。「家族会議の議長」とはなんと大げさな、と思いましたが、じつはそうではなかった。

それで、その彼は「議長になったから、家族の人数がわかった」と言う。家族の人数が判明したこともあって電話をくれたのですね。聞いてみると、なんと二百七十七人。ビックリしました。調べてみると、彼らはどうも、一族郎党のことを家族というのです。パキスタンの隣の国、インドの北部なども同様に一族郎党を家族ととらえます。

ヨーロッパでもわりにそうです。イギリス人やイタリア人に「何人家族？」と聞くと「五十人」とか「三十人」などといった答えがけっこう返ってきます。

ところが、日本人は同居人だけを家族と考えている。会ったことのない伯父・叔父や伯母・叔母、甥《おい》や姪《めい》などがいる人も珍しくない。ましてや、いとこの子供や祖父母の兄弟姉妹など、知らない人が多いでしょう。

日本では今や、家族が崩壊してしまったのです。これでは「人間らしい生き方」に触れる機会を持つことはできません。

だって、そうでしょ。学校では画一的な生き方を押しつけられ、学力の競争を強《し》いられ、成績がよい子供が褒められる。

会社員になっても、同僚や他社の社員との競争を強いられ、会社にどれだけ貢献したかを問われ、評価され続ける。利益を求め、お金を求め、その会社の発展や成長を担うことを期待される。

そして政府は、国家の発展と成長ばかりを求める。そこには宗教心のカケラもありません。暗澹《あんたん》たる気持ちになります。

だからこそ、やはり家庭が大事なのです。宗教は家庭にしかないのですから。崩壊したと書きつつ、家庭に期待せざるをえません。

現代に宗教戦争は存在しない

「宗教は怖いもの」。そう思っている日本人は少なくないようです。その理由のひとつに、世界各国各地で繰り広げられている宗教戦争が挙げられます……と書きつつ、じつは現代において宗教戦争はありません。宗教が戦争をしているということはひとつもないのです。日本人が宗教戦争だと思っている戦争のほとんどは政治絡みの戦争です。宗教は関係ないか、利用されているだけなのです。宗教戦争が世界で行なわれていると思っていた人は、その誤解をぜひ解いてください。

じゃあ、イラク戦争はどうなるんだ!? アメリカやイギリスなどがイラクに侵攻して起きたあの戦争は、キリスト教対イスラム教の戦争じゃないのか。そう思う人もいるでしょう。

しかし、イラク戦争もやはり宗教戦争ではなく政治絡みの戦争、いわば政治戦争です。アメリカのジョージ・W・ブッシュ大統領（当時）はイラクを攻撃するとき、「神よ、私たちを守りたまえ」と祈りましたね。ブッシュは一応、キリスト教徒でしょう。それでアメリカ国内のキリスト教徒たちに向けて訴えかけています。しかしそれは、単にキリスト教を利用しているだけです。

戦争になった以上、アメリカは――というより、どこの国も――戦争に勝ちたい。そのためには政治家たちは神でも利用するのです。

さらに言えば、アメリカは軍事大国です。経済の多くの部分を軍事産業に頼っているアメリカとしては、戦争を起こして武器をどんどん費消《ひしょう》したい。武器が売れなくてはアメリカ経済は行き詰まってしまう。アメリカがあちこちに戦争を仕掛ける背景には、そうした事情もあります。その際、宗教は戦争を仕掛ける大義名分のひとつとしても利用されているのです。

アメリカに限らず、政治家が宗教にすり寄っていくのは、それ自体、政治活動であると言ったほうがよいくらいです。資本主義経済を維持、発展させるための行為と考えれば経済活動絡みの戦争ともいえます。

中東戦争にしてもパレスチナ問題にしても、本質は政治の問題です。その証拠に、政治指導者が代わると状況が大きく変わります。宗教の問題であれば、政治のトップが代わっても大きな変化などあるはずがありません。

歴史をさかのぼれば宗教戦争は確かにありました。中世の十字軍とイスラム教諸国との戦争は宗教戦争といえます。十字軍がイスラム教徒に対して、いかに虐殺の限りを尽くし、いかに人倫にもとることをしたかイスラム教徒は今でもよく覚えています。イスラム教徒から見ると、十字軍はまさに「悪魔の軍団」にほかなりません。

それはともかく、少なくとも現代では世界に宗教戦争は存在しません。存在しているのは政治戦争なのです。

ついでながら書けば、フランスの小説家アンドレ・ジッドの『女の学校』に興味深い場面が出てきます。フランスとドイツが戦争をしていて、フランスのキリスト教の女性が「神よ、わたしたちの祖国を勝たせたまえ」と祈る場面です。でも彼女は、祈った次の瞬間にハタと気づく。「ドイツ人も同じ神に、ドイツを勝たせてほしいと祈っているんじゃないか」と。そこで彼女は愕然《がくぜん》とするのです。

この女性は政治家ではありませんが、為政者が起こした戦争に庶民が巻き込まれ、宗教も関連づけられていく様子がわかります。

敵も同じ神に祈っている。しかし神は、ゴッドは、そんな都合のいいものではないでしょう。人間の思いどおりになるものでもないし、人間の言うことを聞いてくれるものでもない。そのこともわたしたちは知らなければなりません。

クリスマスも葬式も坐禅も、宗教とは関係ない

宗教というと結婚式や葬式、クリスマス、あるいは坐禅などを思い浮かべる人もいるか

もしれません。

しかし、結論からいうと、これらは宗教とは関係がありません。結婚式、葬式、クリスマスは習俗、あるいは行事、坐禅は文化現象ともいうべきものです。

今の日本では、結婚式を神社や教会で挙げる人が多いですね。神前式と呼ばれる神社での結婚式を日本古来の伝統と思っている人もいるようですが、神前結婚の歴史は案外に新しく一九〇〇年（明治三十三年）の皇太子嘉仁《よしひと》親王（のちの大正天皇）の結婚式が最初といわれます。そのときに今日見るような儀式が出来上がって、この形式が一般化したのは昭和になってからです。

では、たとえば江戸時代にはどんな結婚式が行なわれていたのか。身分や地域、時代によってかなり異なるでしょうが、村の長老が仲人になって、三三九度の盃《さかずき》をして、高砂《たかさご》や……を歌って、おしまい。そういう結婚式――「祝言《しゅうげん》」と言ったほうが適切ですね――が多かったようです。あとは床入りすればよいのです。

日本における結婚式は古来、習俗です。神道とも仏教ともキリスト教とも関係がありません。

現代の結婚式でも、教会や神社に新郎新婦の親族や友人、知人が集まってお祝いしていても、誰もゴッドやカミ（キリスト教などの「神」と区別するために神道の「かみ」を「カミ」と表記します）に思いを馳《は》せてはいないでしょう。教会や神社、結婚式場が宗教を利用しているだけです。

葬式も、やはり習俗です。葬式仏教はオドカシ仏教でニセモノ宗教でもあると先に書きましたが、それはつまり本物の宗教とは関係ないということです。

キリスト教も葬式とは関係がありません。『新約聖書』の「マタイによる福音書」には、次のような記述があります。

弟子の一人がイエスに「主よ、まず、父を葬りに行かせてください」と言った。イエスは言われた。「わたしに従いなさい。死んでいる者たちに、自分たちの死者を葬らせなさい」。

意味は難しいかもしれません。少し解説してみましょう。イエスがここで「死んでいる者たち」と呼ぶのは、この世をしっかり生きようとしない人たちのことです。世間の常識や因習・習俗にとらわれている人たちのことでもあります。そういう人たちはまるで死人ではないか、とイエスは言うのです。

ということは、「死んでいる者たちに、自分たちの死者を葬らせなさい」とは、葬式などは世間の常識や因習・習俗にとらわれている者に任せなさい。あなたにとっては父親の葬式なんかどうだっていい、放っておきなさい、ということになります。

死者のことも死後の世界のこともイエスは考えていません。今をしっかり生きることこそがイエスの関心事でした。先に書いたように、この思想は仏教やイスラム教でも同様です。死後のことにも、葬式のことにも、宗教は関心を寄せていないのです。

クリスマスも——特に日本におけるクリスマスは——キリスト教（宗教ですね）とは関係ありません。ケーキを食べたり、チキンを食べたり、ワインを飲んで浮かれたり、若い人はデートに出かけたりプレゼント交換したりと……一部の人にとっては、なんとなくウキウキする日です。これのどこが宗教と関係あるというのでしょうか。

確かにクリスマスは習俗っぽいけれど、さすがに坐禅は宗教と密接に関係があるだろう。

坐禅はまさに禅宗の本質じゃないのか。そんなふうに考える人もいるかもしれません。でも坐禅も、本質的には禅宗とは関係ありません。先に書いたように、坐禅は一種の文化現象です。禅宗のお坊さんは坐禅を組んでいるじゃないかと反論する人もいそうですが、あれは坊主のジェスチャーと言ってもいい。世間へのポーズですね。坐禅を組んで、禅を行なっていますよという、そういうポーズです。

まぁ、少し過激に書いてしまいましたが、少なくとも坐禅に禅の本質などないと考えてください。

日本人はどうも宗教と習俗を混同してしまっているように感じます。宗教の影響を受けたり宗教を利用したりしている習俗はありますが、習俗は宗教そのものではまったくないし、宗教の本質でも決してありません。

宗教は害でもある

宗教は、一面では怖いものでもあるし、害毒を社会に流してもいます。しかし、日本人は宗教の怖さや害を認識できていません。

一九九五年にオウム真理教事件が起きました。あの忌《いま》まわしい事件が日本人に与えたよい影響がひとつだけあります。それは「宗教は怖いものでもある」ことを知らしめてくれたことです。ただ、喉元《のどもと》過ぎれば熱さを忘れるで、今や宗教の恐ろしさなど、ほとんどの人が忘れ去った観がありますが。

宗教は恐ろしい、あるいは社会に害を与えている。わたしがそう言うのにはじつは前提があって、それは「世間の価値観を基準にすれば」ということです。

たとえば、仏教は「少欲知足《しょうよくちそく》」を教えます。欲望を少なくし、足るを知ることで幸福は得られると説きます。

しかし、世間一般ではこうは考えませんね。年収三百万円は欲しいとか、イヤ、やはり五百万円は欲しいとか。イヤイヤ、七百万円くらいないと車も買えないし、家も買えない。子供を私立の学校にやれない……。そんなことを多くの人が考えます。

そして欲望は、満たされたら満たされたで、次の欲望を生み出します。七百万円では大して貯金に回せない。そうなると、老後が心配だ。やっぱり年収一千万円は欲しい。イヤイヤ、一千二百万円は……。

欲はさらなる欲を生み、際限がありません。この欲を満たすためにがんばることを、世間では「向上心がある」などと評したりします。

資本主義社会という世間も、これと同じような考え方をするし、同じように回っていきます。モノをじゃんじゃんつくって、どんどん売って経済を発展させる。売上げが伸びて利益が上がる。会社も社会全体も豊かになる。いいことじゃないか。資本主義の世の中では経済的な繁栄は〝正しい〟のです。

個人も社会全体も、とても少欲知足ではありません。ということは、仏教の少欲知足の教えは、今の日本社会にあっては「害」です。欲を少なくしましょう、なんて言っていたら経済は発展しませんから。

宗教は怖いものでもある

仏教では「一切《いっさい》衆生《しゅじょう》悉有《しつう》仏性《ぶっしょう》」も説いています。生きとし生けるものすべてに仏性——

仏の性質――が宿っている、ということです。動物も植物も人間も、あらゆる生物が仏である、ということです。

一切衆生悉有仏性を説く仏様の願いは何かというと、生きとし生けるものすべての幸せです。

しかし、エコノミック・アニマルがはびこり、経済優先の社会をつくっている限り、生きとし生けるものすべてに幸せは訪れないでしょう。経済が成長したり、国や企業が発展したりするには、自然が破壊されたり動植物が殺されたりすることを避けられないからです。

となると、経済優先社会、あるいは資本主義社会において、仏教はやはり害の部分があると言わざるをえません。世間の価値観を基準にすると害になってしまうのです。

怖い側面はキリスト教にもありますよ。たとえば、イエスは次のような言葉を残しています。

わたしが来たのは地に平和をもたらすためだと思ってはなりません。わたしは、平

和をもたらすために来たのではなく、剣《つるぎ》をもたらすために来たのです。……「マタイの福音書」

そして、イエスはユダヤ教の神殿のぶち壊し運動までしています。ユダヤ教徒たちにとっては、イエスの教えと行動は恐ろしいし、害でもあったでしょうね。

ホンモノ宗教ではありませんが、国家神道と結びついた「天皇制宗教」はいったいどれだけの人を殺したか。非常に多くの人を死に追いやりました。そうしたことを考えると、宗教はやはり怖い側面も併せ持っていることに気がつくはずです。

第2章

宗教の根本を考えてみよう

「信じる」のではなく、「信じさせてもらう」

「わたしは神様を信じています」という人がいますね。「わたしは仏様を信じています」という人もいます。でもこれ、じつは不遜《ふそん》なことなのです。おこがましい、と言ってもよい。

どうして？　神様や仏様を信じているんだから、むしろ謙虚な人なんじゃないですか。慎ましく控えめな印象。……そう思う人もいるかもしれませんね。でもやはり、神や仏を「信じる」など不遜だし、おこがましいと言わざるをえません。どうしてでしょうか。

もし人間が神や仏を「信じる」のなら、神や仏はその人の家来のような存在になりませんか。ヨシ、俺は神を信じよう。仏を信じよう。信じてやろう。……これでは、人間が上で神や仏はその僕《しもべ》みたいではありませんか。人間が、もっと言えば人間ごときが、そんなに偉いのですか。神や仏に対して、そんなに偉そうなことを言えるのですか。そうではないでしょう。

人と人との関係は信頼で結ばれますね。長年の付き合いの中で友情が芽生え、信頼関係が醸成されていく。これは人と人との関係において起こることです。その結果、相手を「信じる」ことにもつながります。しかし、人と神、あるいは人と仏とは、これとは根本的に異なります。

宗教の基本は「信じる」ことではなく「信じさせてもらう」ことです。神であれ、仏であれ、絶対者が私を信じさせてくれる。それが宗教です。わたしが信じるのではなく、信じさせていただく。それが宗教の本質です。

キリスト教で「信ぜよ、さらば救われん」という言葉があります。この言葉をたいていの日本人は「信じなさい。そうすれば、救われる」と解釈します。こっちから「信じる」とインプットしたら、あっちから「救う」というアウトプットが出てくるというわけです。百二十円を入れたら、オレンジジュースが出てくるようなものです。キリスト教とは、そんなものですか。宗教とはそのようなものですか。そんなアホな。それでは、まるで「神様自動販売機」です。お金を入れたら、神様が御利益《ごりやく》をくださると……。

それでは、「信じたのに、いっこうに救われない」ということも起こりますよね。百二十円を入れたのに、オレンジジュース、出てこないじゃないか。そうなると、自動販売機の故障です。お金を入れた人は文句タラタラ。宗教もそれと同じなのですか。そういうことでは、決してないはずです。

では、キリスト教の「信ぜよ、さらば救われん」とは、どういう意味なのか。それは「救われる者は必ず神を信じられるようにつくられている」ということです。別の言い方をすれば、「信じさせていただけたことが、ほかならぬ救いの証《あかし》である」ということです。つまり「信じさせてもらえた人は救われる」ということです。

これは仏教においても同様です。仏様は必ずわたしたちを救ってくださると信じさせてもらう。それですでに救われているのです。これは仏教の本質であり、キリスト教の本質でもあり、宗教の本質なのです。

ここでちょっと思い出してほしいことがあります。それは、ニセモノ宗教やインチキ宗教、オドカシ宗教などの話です。

インチキ宗教は御利益信仰で、「この宗教を信じると病気が治りますよ」とか「わが教団に寄付すると幸せになりますよ」といった宗教で、オドカシ宗教は人々の恐怖心を利用した宗教のことでしたね。これらはそれぞれ「(あなたが)信じると」こうなりますよ、「(あなたが)信じないと」こうなりますよ、と言っています。宗教の本質がわかると、これだけでもう、これらがホンモノ宗教でないことがわかりますね。つまり、こんなものは宗教ではないのです。

お願いするのではなく、お礼を言う

神社やお寺で、高校や大学などの合格を祈願している人がいますね。

「神様、お願いですから、○△大学に合格させてください。僕もがんばりますから、何卒《なにとぞ》、何卒、よろしくお願いいたします」。こんなことを言って、お願いしているのでしょう。

「主人の病気がどうか治りますように。仏様、お釈迦《しゃか》様、何卒お願いいたします」などとお寺の前で頭を下げたりしています。

でもね、これで願いがかなえられるのなら、やっぱり神様自動販売機ですよ。仏様自動販売機ですよ。神や仏というものは、決して自販機ではないのです。

特に前者、つまり「わたしを合格させてください」という願いは横暴です。だってそうでしょう。考えてみてください。高校なり大学なりにその人が合格するということは、ほかの誰かは不合格になるのです。合格する人がいれば不合格になる人もいる。それが入学試験というものです。資格試験や入社試験も同じです。選抜するために試験をしているのですから。

「わたしを合格させて」というのはエゴイズムです。それは「ほかの人を不合格にして」ということにつながります。そんなエゴのために神様や仏様が協力してくれますか。してくれないでしょうね。

受験勉強をして、合格するかしないかは宗教の問題ではまったくありません。神も仏も、そんなことには全然関知しません。

「勉強すれば合格する」というのは「お金を入れると缶ジュースが出てくる」のと基本の構造は同じです。

矢印を使うと、次のようになりますね。

・勉強↓合格

・お金→缶ジュース

どうですか。同じでしょう。「勉強すれば合格する」は自動販売機の論理なのです。

エッ、勉強しても合格しないこともある!?　それはそうでしょうね。

でも、お金を入れても缶ジュースが出てこないこともありますよ。百二十円なのに百十円しか入れなかったり、自動販売機が壊れていたりして。勉強しても、その勉強が足りなかったり、的外れなことをしていたりしたら試験に落ちることもあるでしょう。いずれにしても宗教とは関係のないことです。

そもそも昔の日本人は、神や仏にお願いすることはほとんどありませんでした。

「神様、息子を○△大学に合格させてください」

「神様、どうか課長に昇進させてください」

「素敵な彼が現われますように。神様、お願いします！」

「仏様、わたしの病気がよくなりますようにお願いします」

こんなことを神や仏にお願いする人はとても少なかったのです。

では、どういう気持ちで拝んでいたかというと……

「神様、ありがとうございました」

「仏様、ありがとうございました」

そう、お礼を言っていたのです。結果はどうあれ、神様や仏様に感謝していたのです。

これが人と宗教との本来の関係です。

命はいったい誰のものか

あなたは「あなたの命は誰のものだと思いますか」という問いに、どう答えますか。

「決まってるじゃないか、俺のものだよ」。そう答えますか？

「わたしの命は私のもの。親のものでもないし、ましてや夫のものでもない。わたし自身が自由にできる、わたしのもの」。そう思いますか？

わたしは頼まれて小学校の子供たちに仏教の話をすることがあります。そこでもやはり同じような問いかけをすることがあります。

「君たち、命って誰のものだと思いますか？」

するると、元気よく、

「そんなの決まってるよ。ぼくの命はぼくのものだよ」

そんな答えがあちこちから返ってきます。

「そうかぁ。それじゃあ、魚の命は誰のものかな?」

そう聞くと、ある子供が

「魚の命は魚のものだと思います」

と答えました。多くの子供も、その考えに賛同します。

「じゃあ、豚の命は?」

「豚のもの!」

そう答えたものだから、わたしは、

「じゃあ、どうして君たちは魚や豚肉を食べるんだ?」

と聞き返します。するると、みんな困ってしまう。しばらくすると、ある子供が発言します。

「お金を払って買うから、食べていいんだと思います」

そう来たか、とわたしは思いつつ、さらに聞いてみます。

「じゃあ、ゴキブリの命は誰のものだろう?」

「やっぱり、ゴキブリのものだと思います」

そう答える子供がいます。

「じゃあ、君はゴキブリを殺せないよね。ゴキブリの命を奪っちゃいけないよね」

「うーん……」。困っている友達を見て、別の子が発言をすることもあります。

「ゴキブリは害虫だから、殺してもいいんだと思います」

益虫は殺したらダメだけど、害虫なら殺してもいい。そう考えたのでしょうね。大人でも、そのように考える人は多そうです。でもわたしは、仏教を学ぶ身として、そのように考えない。そこで、次のように聞いてみます。

「ほんとうにそうかな。それじゃあ、もし君が悪いことをしたら、君は殺されても仕方がないと思う? クラスのみんなの迷惑になるようなことをしたら、殺されてもしようがないと思う? それから、わたしが君にお金を払えば、わたしは君を殺してもいいと思うかな? 君はお金をもらったから殺されてもいいと思えるかな?」

黙ってしまう子もいるし、「思えません」と小さな声で答える子もいます。
さぁ、命はいったい誰のものか。あなた自身の命も含めて、いったい誰のものなのか――。

あなたの命はあなたのものではない

あなたの命はあなたのものではありません。魚の命も魚のものではありません。ゴキブリの命も同様です。仏教をはじめ宗教では、そのように考えます。自分の命は自分のものではないのです。

ここからは少し仏教を前提にした話をします。かつての日本人は、子供はみんな仏様から授かるものだと言っていました。自分がつくった子じゃない、仏様から授かった子だと。これはかなり仏教的な考え方です。

わたしも「子供は仏様からの授かりものですね」と言うことがありますが、最近では妙な勘違いをする人が増えてしまいました。

「なるほど、わかりました。そうすると、授かったわけだからわたしの子供ですね」。そう話す人が多くなったのです。これはどういうことかというと、子供に対する所有権を主張していることになります。

話が少し脱線しますが、明治時代から昭和の戦前まで、日本人の命は天皇のものでした。国家神道はわたしたち国民を臣民として、天皇の従属物にしたのです。こんなバカな話はありません。これは明らかにおかしなことですが、子供に対して所有権を主張するのも、やはりおかしなことだとわたしは思います。

「仏様からの授かりもの」では、所有権を主張する人が出てきた。そのためわたしは、最近では「(子供は)仏様からの預かりもの」と言うようにしています。

「授かりもの」ではなく「預かりもの」。親は子供を仏様から預かっている。仏様から頼まれて、子供を育てさせていただくのです。預かっているのだから、亡くなったら仏様に返す命です。

たとえば、生まれつき足に障害があって、うまく歩けない子供がいたとします。周りの人はその子を「かわいそうに」と言うかもしれない。しかし、仏様はその両親にその子を預けたのです。「この子は足が不自由だけど、不自由なままで構わない。どうか幸せにしておくれ。あなたたちなら幸せにしてくれるはずだから」。仏様はそう頼まれているのです。仏様の預かりものであるのは、子供に限ったことではありません。大人も同様です。おそらくは大人であろう読者のあなたの命も、やはり仏様から預かっているのです。大事に使い、そののちは仏様にお返しすることになります。

「命は預かりもの」という考えは、ユダヤ教やキリスト教でも同じです。私はヘブライ語――『旧約聖書』の時代に話されたユダヤ人の言葉――を解しませんが、ユダヤ教の学者に聞くと、ヘブライ語にはhaveの言葉がないのだそうです。これはつまり「所有」の言葉がないということです。

たとえば「この鉛筆はわたしのものだ」と言いたい場合、どう言えばよいかというと、「この鉛筆はわたしに向けられている」と表現するそうです。簡単に言うと「鉛筆を使ってもいいよ」ということで、所有権はないけれど使用権は認められているということです。

どうしてそうなるかといえば、ユダヤ教では「すべてのものは神のもの」だからです。この考えはキリスト教やイスラム教でも同様です。

命はお返しするもの

現代の日本においては、命の尊重が叫ばれていますね。殺人事件などが起きたりすると、「人の命ほど大切なものはない」などと発言するメディアのコメンテーターもいます。命の尊重を訴えること自体には、わたしも異論はありません。しかしそのじつ、今の日本では命はあちこちで軽視されています。問題は何も殺人事件だけにあるわけではありません。

自分の命ではないのですから、大事に使って神や仏にお返ししないといけない。宗教ではそのように考えると言いましたね。となると、勝手に命を絶つ自殺はいけないことになります。臓器移植や人工妊娠中絶もやはりいけないことです。

ある人の命のために、まだ生きている人を死んだことにして、その人の臓器を摘出して、別の人の命をながらえさせる。それが命を大事にすることでしょうか。脳死を認め、臓器移植を行なうことが命を尊重することでしょうか。

自分の命も他人の命も等しく尊い。仏教で言えば、わたしはわたしの命を仏様から預かっているし、あなたはあなたの命を仏様から預かっているし、犬は犬の命を仏様から預かっているし、魚は魚の命を仏様から預かっているのです。

だから、たとえば、魚を食べるときには「魚さん、ありがとう」と言って、いただくべきなのです。「自分は仏様から預かっている命を楽しく生きました。もう十分です、どうぞ、この体を食べてください」。その魚はそう言って、食べようとしている人に布施《ふせ》をしてくれているのです。

他者の命を蔑《ないがし》ろにすると仏様に叱られるかもしれません。叱られないまでも、仏様は悲しまれるでしょう。

他人の命も、ほかのあらゆる命も尊重する。それはすべての命は仏様の命だからです。わたしたちは仏様の命を預かっているのです。魚も豚もゴキブリも仏様の命を預かっているのです。仏教ではそのように考えます。

仏教以外の宗教でも「命は預かっているもの」という考え方は同様であると言いましたね。お返しするのですから大事に使ったり、大事に接したりしないといけないのです。

考えてもわからないことは考えるな

現代は混迷の時代、先行き不透明な時代と言われます。景気ははたしてよくなるのか、日本は戦争に巻き込まれるのか、日本に大地震がまた来るのか……経済学者や政治学者、地震学者はいろいろ研究をして予測を立てていますが、ほんとうのところは誰にもわかりません。わかるのなら、二〇一一年三月に起きた東日本大震災の対策だって万全にできたはずです。

専門の学者にとっては仕事ですから、それらのことを考えるのは、まぁ、よいでしょう。でもわたしは門外漢ですから、未来の景気や戦争、地震のことを考えてもしようがありません。わたしにわかるはずがない。だからわたしはそれらのことは考えません。

個人の問題にしてもそうです。俺はがんになるんだろうか、何歳まで生きられるんだろうか、死ぬときは苦しまないだろうか……そんなことは誰にもわからないのです。自分のことでもわからないのです。だから考えないことです。

わからないことは考えるな。仏教、とくに禅ではそのように教えます。

中国は唐《とう》の時代の禅僧、無業《むごう》和尚の言葉で「妄想する莫《なか》れ」と読めます。

「莫妄想《まくもうぞう》」という言葉があります。中国は唐の時代の禅僧、無業和尚の言葉で「妄想する莫れ」と読めます。

妄想とは、人間がいくら考えてもわからない問題を考えることです。あるいは考える必要のないことを考えることです。

死後の世界はあるのだろうか。そうした疑問を持つ人もいますね。子供にもいますし、大人でもいます。死後の世界の有無も無業和尚によると莫妄想です。

この点、お釈迦様も同様です。お釈迦様は、当時のインドの思想家から「この宇宙は有限か、無限か？　死後の世界はあるのか、ないのか？」と問われます。その際、お釈迦様は返答を拒んでいます。このようなお釈迦様の態度を「捨置記《しゃちき》」といいます。いくら考えても答えの出ない問題は捨て置きなさい、ということです。

未来のことはわからない

「考えてもわからないことは考えるな」という教えは仏教に限りません。

英語に〝God knows〟という表現があります。直訳すると「神は知っている」。少し意訳すると「神のみぞ知る」。つまり、「誰にもわからない」「人間にはわからない」ということです。〝God knows that……〟であれば「……のことは神のみぞ知るもの」の意味です。キリスト教でも、人間にはわからないことがある、そんなことは考えても仕方がない、と教えているのです。

イスラム教には「イン・シャ・アッラー」の教えがあります。「もし神がお望みならば」「神のみ旨《むね》ならば」といった意味です。

現代は混迷の時代、先行き不透明な時代と書きました。先のことを不安に思っている人は多いでしょうね。でも、未来のことは人間にはわからないのです。だから、イスラム教徒は未来のことを言うときには「イン・シャ・アッラー」を付け加えます。

たとえば、翌日の午後二時に待ち合わせをしたとします。「じゃあ、明日の午後二時に、駅の改札口で」と、あなたが言います。すると、相手のイスラム教徒は「はい、わかりました。イン・シャ・アッラー」と言うでしょう。「神様の思し召《おぼめ》しならば、二時に来ますよ」と、彼は言っているのです。だから、かりにこのイスラム教徒が二時に来なくても、それは「神のご意思」によって、彼は来られなかったということです。その人自身、そう主張するでしょう。

イスラム教徒はどうしてそのように考えるのか。それはイスラム教では、未来は神の権限下にあるからです。未来を、先のことを人間があれこれ考えても、しようがないのです。

キリスト教でも同じように教えます。「明日のことまで思い悩むな。明日のことは明日、自らが思い悩む。その日の苦労はその日だけで十分である」と『新約聖書』に記されています。未来は神が決める、人間はその日を生きろ、とキリスト教は説いているのです。

仏教でも同様です。「過去を追うな、未来を願うな」。お釈迦様はそう教えています。過去や未来を考えるのではなく、今なすべきことをしなさい。そのように説いています。

人間には未来のことも、明日のことすらもわからないのです。なぜなら、それは神や仏の領域だからです。

このあたりのことが、今の日本人はよく理解できない。未来は人間の思うままになると考えているフシがある。でもそれは、見方によっては、ずいぶんと不遜なことです。未来はどうなるかわからない。わからないことは考えても仕方がない。未来は神や仏の領域。神や仏が考えておられることを人間が考える必要はないし、考えてはいけない。宗教では、そのようにとらえています。

宗教は原理主義である

宗教における「原理主義」と聞くと、どんなイメージを持つでしょうか。

宗教の原理主義？　思い浮かぶのはイスラム原理主義かな。それで、イスラム原理主義といえば過激派。テロを起こしたり、戦争をしていたり、なんか怖いイメージがある。全体としては、よいイメージはないな。

……宗教の原理主義をこのようにとらえている人はけっこう多いかもしれません。しかし、このとらえ方はまったくの誤解です。

まず宗教の原理主義がイコール、イスラム教の原理主義であるという点。実際には、原理主義はイスラム教の専売特許ではありません。ユダヤ教原理主義もあればキリスト教原理主義もありますし、ヒンドゥー教原理主義もありますし、仏教原理主義もあります。ちなみに、仏教を学んでいる私は仏教原理主義者を自認しています。

原理主義者（ファンダメンタリスト）という言葉はもともとキリスト教から使われ始めました。聖書の無謬性《むびゅうせい》――理論や判断などに誤りがないこと――を主張するプロテスタントのキリスト教徒を原理主義者と呼んだのです。彼らはアメリカ南部を中心に今もいます。

それから、原理主義者が過激でテロや戦争を起こしているという点。なかにはそうした原理主義者がいるのは確かですが、もちろんすべてではありません。いいえ、むしろほとんどの宗教原理主義者は平和を望み、穏やかに過ごしています。

そもそも宗教における原理主義とは何かと言えば、神や仏などの超越者によって示された絶対的な原理に忠実に生きようとする考えであり、姿勢です。宗教は本来、原理主義だし、原理を外してしまったら、それはもはや宗教ではないといえます。

原理主義はイスラム教に限ったことではないし、テロや戦争とは本質的に関係ない。そして、そもそも宗教は原理主義である。この点をまず押さえてください。

現代は「ご都合主義」で動いている

では、原理主義の反対は何でしょうか。自由主義？　修正主義？　応用主義？……いいえ、原理主義のもっとも適切な反対語は「ご都合主義」です。世の中の都合に合わせて適当に、あるいはうまくやっていこうとする。それがご都合主義で、原理主義とはまるで反対です。

現代社会は、だいたいにおいてご都合主義で動いています。典型例は「政治」です。たとえば、日本国憲法の解釈。第九条などは解釈をそのときどきでずいぶん変えてきました。日本の政治家は状況に応じて「解釈改憲」をやっているのです。まさに自分たちの都合によって。

マスメディアもご都合主義です。そのときどきで調子のいいことを書いたり言ったり。

そこにはなんの原理もない。首尾一貫していないのです。

世界を見渡せば、全体としては、世界はアメリカの都合が幅を利《き》かせています。もっと言えば、アメリカの金融資本家の都合によって、世界はかなり勝手に動かされている。とんでもないことです。

宗教で言うと、じつはキリスト教はご都合主義に堕《だ》しやすい性質を持っています。『聖書』――キリスト教で言うところの『旧約聖書』――の解釈をイエスは変えていきました。イエスはいわばユダヤ教の改革者で、すべてではありませんが、イエスは『聖書』を読み替えていきました。

たとえば、安息日。ユダヤ教では、週に一度の安息日には絶対に労働をしてはならず、ひたすら神の栄光を称えなさいと定められています。

ところが、あるときイエスの弟子たちがあまりに空腹なので、麦畑で麦の穂を摘んで食べます。すると周りにいた人たち――ユダヤ教徒です――は弟子たちを非難します。このことは『新約聖書』に書かれています。わたしは当初、他人の麦畑に勝手に入って、取って食べたから、つまり盗んだから非難されたのだろうと読み解きました。ところが、そうではないのです。安息日に労働をしたから非難されたんです。

何がいったい労働になるかといえば、麦の穂を摘むことです。安息日に麦の穂を食べるのは構わないが、摘んではいけない。ユダヤ教ではそのように定められている。だから、イエスの弟子たちは非難されたのです。

イエス自身も、安息日に目や足の不自由な人を奇跡によって治しています。安息日には、医療行為をしてはならないと定められているにもかかわらず。当然、ユダヤ教徒たちに非難されます。

これに対し、イエスは次のように言います。

「ヤーウェ（神）は人間のために安息日を設けられたのであって、安息日のために人間がいるのではない」と。

律法——神から与えられた命令や掟《おきて》——のすべてを杓子定規《しゃくしじょうぎ》に守る必要はないと説いたことになりますね。『聖書』を否定もしていないし、覆《くつがえ》してもいませんが、読み替えたわけです。

このあり方は何かに似ていませんか。そうです、前述した日本国憲法の解釈の変化に似ていますね。解釈改憲ならぬ「解釈改約」のようなものです。神との約束を改めたわけです。

しかし、解釈の変更を認めてしまうと、人間の都合によって律法がどんどん変えられてしまう可能性が出てきてしまいます。

神は「こうしなさい」とおっしゃっている。それはわかります。でも、ここのところは、こうすることでお許しください。ここのところもちょっと都合が悪いので、少し変えさせていただきます。……こんなことが起きてしまいがちです。キリスト教がご都合主義になりやすいというのは、キリスト教が元来持っている特徴のゆえなのです。

現実の世の中は、だいたいがご都合主義で動いています。政治はその典型です。それに対して宗教の本質は原理主義です。ただし、キリスト教は始まりからご都合主義の要素を持っている宗教と言えるのです。

第3章

宗教は「人生の問題」に関わる

「生活の問題」と「人生の問題」

宗教はいったいどういう問題に向き合っているのでしょうか。この第3章では、宗教が関わる問題を中心に見ていきましょう。

生きていると、いろいろなことが起こりますね。寝坊をした、遅刻をした、志望校に落ちた、仕事で失敗をした、会社をリストラされた。あるいはテストで百点満点を取った、部活動の県大会で優勝した、課長に昇進した、子供が生まれた、孫が生まれた……悪いことも良いこともいろいろ起こります。

なかには、さぁ、どうしようと困ってしまう問題も起こります。会社をリストラされた、つまりクビになった、などというのはまさにそうですね。本人にとっては深刻な問題です。

仏教の仕事をしていると、そうした問題について質問されたり、頼み事をされたりすることもあります。

「ひろさん、じつはぼく、会社をクビになってしまいました。どうしたらいいでしょう?

困りました……。先生、お金貸していただけませんか」

そんなことを言ってくる人もいます。内心、アホかと思いますね。なんで俺がおまえにお金貸さなイカンのや、って。そんな義務、わたしにはないですよね。

それに、ちょっと考えてみてください。会社をクビになった。失職してしまった。さぁ、どうしようと思う。これは「生活の問題」であって「人生の問題」ではありません。「生活の危機」かもしれないけれど「人生の危機」ではありません。

「人間の生き方を教えるもの」、あるいは「人間らしく生きるにはどうしたらよいかを教えるもの」、それが宗教であるとすると、宗教は生活の問題には関わりません。宗教は人生の問題に向き合っているのです。生活の問題は自分で考え、自分で解決すればいいのです。そうするよりほかはありません。

「生活の問題」の解決方法はたくさんある

生活の問題の解決方法はいくらでもあります。インド人に言わせると八万四千通りにもなります。なにしろインド人は「多数」というとき「八万四千」を思い浮かべるのですから。

でも日本人は、八万四千もの解決策はまず考えられないでしょうね。「嘘八百《うそ》」という言葉から考えると八百通りくらいでしょうか。

八百も考えられない？　確かにまだかなり多いですね。では八十、もしそれも多いと言うのなら、最低でも八通りの解決策を考えてほしい。

たとえば、会社をリストラされたとしましょう。明日からどうしよう……。困りますよね。でも、とにかく何かしらの方法を八つ考えてみる。たとえば――、

一　家賃の安いアパートに移り住む
二　同居しているニートの息子を追い出す
三　サラ金からお金を借りる
四　野草を食べて暮らす
五　生活保護を受ける
六　ホームレスになる

七　リストラした上司を襲って、カネを巻き上げる
八　銀行強盗をする

――こうして見てみると、いろいろと思いつくものです。こだわらずに挙げていくと二十でも三十でも思い浮かぶはずです。

でも、ひろさん、ひろさんが挙げた解決策の中には反社会的なもの、犯罪に当たるものもあるんじゃないか。そんなことをしたら社会的な制裁を受けるし、そもそも逮捕されて犯罪者になるんじゃないか。そう思う人もいるでしょう。

確かにそうですね。とくに七の「リストラした上司を襲ってカネを巻き上げる」、八の「銀行強盗をする」は完全に犯罪です。「ひろさちやが勧めていた」なんて、ヘンな勘違いはしないでくださいね。

ただ、そうした反社会的な行動も含めて――つまり、いいことだろうが悪いことだろうが世間の常識にこだわらなければ――自分の生活の問題を解決する方法はたくさんあるということです。「どこかの会社に再就職するしかない」などと、バカのひとつ覚え（!?）のような考えにとらわれる必要はまったくないのです。

それともうひとつは、こうした生活の問題を宗教に問うな、ということです。こんな問題を問われても宗教は困るのです。

何だっていいから迷う

「生活の問題」を解決する方法はたくさんある。だから、たくさん考えてみる。でもそうすると、いろいろありすぎて迷ってしまうという人もいるでしょうね。

そこで考えてほしいのは、じゃあ、どうして迷うのか、ということです。迷いの本質とは何か、ということです。

結論を先に言いましょう。迷いの本質は「何だっていい」ことです。何だっていいから迷うのです。

たとえば、昼ご飯に天丼を食べるかカツ丼を食べるか、迷う。醬油ラーメンにするか味噌ラーメンにするか、迷う。これ、どっちだっていいから迷うのです。

考えてみてください。天丼は大好きだけど、カツ丼は苦手だという人だったら、天丼にするかカツ丼にするか迷いませんよ。「ラーメンは味噌に限るよな！」と心に決めている人なら、醤油ラーメンにするか味噌ラーメンにするか迷うはずがないでしょ。決めているものがある場合、決まっていることがある場合は迷わないのです。

天丼かカツ丼か醤油ラーメンか味噌ラーメンかと、選択肢が四つになっても同じです。天丼が断トツで大好きな人は迷うことなく天丼を食べるはずです。

でも、これといったものがなければ、迷う。裏返せば、これは何だっていいから迷うということです。

会社員が会社に行くのにネクタイを締めていくかいかないか迷う、ということもあるでしょうね。でも、その会社の規則で「男性社員はネクタイを着用すること」と決められていれば社員は迷いません。「イヤだな」と思っても「仕方がない。締めていくか」と思い直して、ネクタイをしていくでしょう。「どっちでもいい」と言われている上に、自分でもどっちでもいいと思っているから迷うのです。

転職をする場合はどうでしょうか。仕事内容も会社での立場も通勤状況もほぼ同じ。そのほかの要素もほとんど同じ。ただひとつ、給料だけが違う。A社は月給三十五万円、B

社は月給五十万円。こういう状況があったとします。どうですか。迷いますか？　迷いませんよね。よほどの物好きでもない限りB社を選ぶはずです。

ところが、給料までも大差ないとなると、どうですか。迷ってしまいそうですね。でもこれは、どっちでもいい、ということなのです。

会社を辞めようか、いや、やっぱり残ろうか。……こうした悩みを持っている人もいますよね。じつはこの悩みも、どっちでもいいから悩み、迷っているのです。

エッ、どうして⁉　会社を辞めるか会社に残るかは「どっちでもいい」といった軽い問題じゃないぞ。真剣な問題だよ。どっちでもいいことを悩んだり迷ったりしているわけではないよ。……そんなふうに思う人が多そうですが、でも考えてみてください。辞めるとほんとうに困るのなら、そもそも辞めようとは思わないはずですよ。辞めると不幸になると確信しているのなら、やっぱり辞めようとは思いませんよ。どっちであってもいいから迷っているのではないですか。

繰り返せば、迷いの本質は「どっちでもいい」「何だっていい」です。だから、迷うのです。

迷ったら、デタラメに決める

では、迷った場合、どうしたらよいか。それは、デタラメに決めてみることです。「デタラメ」というのは、サイコロを振って、その出た目のとおりに従うことです。例をひとつ紹介しましょう。

わたしはかつて気象大学校で教鞭《きょうべん》を執っていたことがあります。当時、学生から相談を受けることがあって、なかには「気象大学校を辞めて東大か京大を受け直したい」という相談もかなりありました。二十人くらいいたかな、と思います。

気象大学校の学生は優秀な人が多く、東大や京大に合格したけれど、それらを蹴《け》って進学した学生もいました。そうした学生たちが「やっぱり東大に行こうかな」と迷ったりしていたわけです。

「先生、やっぱり東大のほうがいいような気がするんです。東大、受け直そうか、迷っています。どうしたらいいでしょう?」

わたしの研究室にやってきて、そんなことを言います。

「君、どっちでもいいの?」。そう聞くと、「どっちでもいいです」と。

「ここ、辞めてもいいの?」と聞くと、「はい、辞めてもいいです」と。

「残ってもいいの?」と聞くと、「はい、残ってもいいです」と。

「どっちの分《ぶ》が大きいの?」と聞くと、「うーん、五分五分です」と。何度聞いても「五分五分です」と、そう言う。

「よし、わかった」。わたしはそう言って、研究室にいつも置いてあるサイコロをその学生に手渡します。

「振ってごらん。奇数が出たら辞める。偶数が出たら残る。そう決めて振ってごらん」

そう言うと、たいていの学生は怒りましたね。「先生、ふざけないでください」と言って。

「君がこの学校に残ったほうがいいか、それとも東大に進んだほうがいいか、わたしにはわからない。『わたしに決めてくれ』と言われても、そんなの決められないよ。もしわたしが決めれば、『あんなヤツに相談したから、こんな目に遭ったんだ』と、あとから君、きっと思うよ。わたしもそんなのはごめんだな。そんなのはお断わりだよ」

だから、サイコロを振って出た目で決めてみるといいと言ったのですが、二十人中、実際にサイコロを振ったのは二人くらいでした。残る十八人ほどは憤然として研究室を出ていきました。

サイコロを振って、決めたわたしの進路

わたし自身もデタラメ方式を実践しています。六十二歳のとき、ある女子大学から教授兼研究所所長として招かれました。週に二回出勤すればよくて、年俸は千三百万円。八年契約だから、八年で一億四百万円になる。なかなかいいなと思って、けっこう行く気にもなりました。だいたい八割くらいは行く気になりましたね。

ところが、妻に話したら「よしなさい」と。わたしは四十八歳のときに、大学を一度辞めているのです。前項で書いた気象大学校です。在職中にいろいろと苦労したのを知っているから、「これからまた苦労することもないんじゃない」と言うわけです。娘と息子にも言われました。「行かないほうがいいよ」と。

さて、どうしようか。そこでわたしが思ったのは、仏様に決めていただくことです。それでお寺に行って、住職さんに般若心経《はんにゃしんぎょう》をあげてもらいました。そのあと、サイコロを持って、阿弥陀様《あみださま》の前に女房と二人で座りました。「奇数が出たら断わる。偶数が出たら受ける」と決めて。

ポイッと振ったら、五と四が出ました。足すと九。奇数です。

事情は住職さんにも話していました。それで「奇数が出たので、お断わりすることにします」。そう言うと、住職さん、驚きましたね。「そんな大事な話をサイコロで決めるなんて」と。

でも、受けるのがよいか、断わるのがよいか、わたしにはわからなかったのです。妻や子供たちは「行かないほうがいい」と言ったけれど、それがいいのかもわからない。だから、阿弥陀様に判断していただくことにしたのです。

阿弥陀様、すなわち仏様が「引き受けるな」「断わりなさい」と言われた。この判断に従うことにしました。もし偶数が出たら、引き受けることにしました。そうすると、妻や子供たちも快く納得するでしょう。「仏様が『引き受けなさい』とおっしゃったのだから、お父さん、しっかりやってください」。こう言うでしょう。

とはいえ、大きな収入に結びつくことでもあるから、わたしとしてもデタラメに決めようとは、すぐには思えないかもしれません。そこでわたしは、日頃からサイコロを活用してデタラメに決めることを実践しています。サイコロを振るのが面倒なときはジャンケンで決めることもよくやっています。

たとえば、妻と散歩に行くとき。さぁ、今日はどこに行こうか。ABC公園のほうへ行こうか、それともXYZタワーがあるほうへ行こうか。そういうときには妻とジャンケンをするのです。妻が勝ったらABC公園のほうへ、わたしが勝ったらXYZタワーのほうへ。そんな具合に決めます。

旅先で妻と昼ご飯を食べるときも、ジャンケンをして、妻が勝ったら中華料理屋へ、わたしが勝ったらそば屋へ、などということをしています。そんなふうに、ちょっとしたことをふだんから仏様に決めていただいているのです。

これは大きな問題を決める際の訓練にもなります。少しずつ仏様の声がどこからか聞こえてくるようになります。そして、転学するかどうか、転職するかどうか、離婚するかどうか……こうした大きな問題に迷ったときにもデタラメに決めようと思うようになっていくのです。

「ビュリダンのロバ」の教え

「ビュリダンのロバ」の話を知っているでしょうか。ビュリダンというのは中世フランスの哲学者で、「ビュリダンのロバ」はビュリダンが引いたたとえとして知られています。ただし、彼の著作には見いだされていないようです。さらに、古代から似た話は伝えられています。

話の概要は次のようなものです。一頭のロバがいて、二つの干し草の山があることに気づきます。ロバはおなかが空《す》いていました。さぁ、どっちを食べようか。ロバは迷います。なにしろ同じくらいの量だし、質も同じくらいに見える。実際、同質の干し草が同量あったのです。

右へ行こうか左へ行こうか。右に行くと「イヤ、待てよ。左のほうがいいんじゃないか」。

左に行くと「イヤイヤ、待てよ。やっぱり右のほうがいいんじゃないか」。まさに右往左往、行ったり来たり。そうこうしているうちに、とうとう力尽きて飢えて死んでしまったのです。

これが「ビュリダンのロバ」の話です。

さぁ、このとき、ロバはどうしたらよかったのでしょうか。右の干し草がよりよいか、左の干し草がよりよいかわからないのです。そうであればデタラメに決めればよかったのではないでしょうか。

ロバはサイコロは振れないでしょうが、デタラメに「右!」などと思って、右の干し草を食べていれば、飢えて死ぬことはなかったはずです。西洋の哲学でも、そのように教えています。

「人生の問題」とは何か

これまでは主に「生活の問題」について論じてきました。では、宗教が向き合っている

「人生の問題」とは、どんなものでしょうか。たとえば、仏教では「人生の問題」をどうとらえているのでしょうか。

仏教では、世間から抜け出したところにある普遍的な問題「四苦八苦」を人生の問題ととらえていると考えてよいでしょう。

四苦八苦は仏教の根本苦を表わしています。まず「四苦」について。四苦とは「生老病死《しょうろうびょうし》」のことです。「生まれる苦しみ」「老いる苦しみ」「病む苦しみ」「死ぬ苦しみ」。これが四苦です。

あとの「四苦」は「愛別離苦《あいべつりく》」「怨憎会苦《おんぞうえく》」「求不得苦《ぐふとくく》」「五蘊盛苦《ごうんじょうく》」のこと。

愛別離苦は「愛するものと別れる苦しみ」、怨憎会苦は「怨《うら》み憎んでいる者に会わなければならない苦しみ」、求不得苦「求めるものが得られない苦しみ」、五蘊盛苦「肉体や精神に生じるあらゆる苦しみ」です。

四苦八苦に直面して問われるのは「どう生きるのか」「何のために生きているのか」ということです。四苦八苦に直面すると、そのことを考えざるをえません。

人生の問題は「生き方の問題」でもあります。どう生きるか、その生き方が問われます。

たとえば、神道では「優しさ」「誠」「ともいき（共生）」の三つが基本の教義になっています。それが真っ当な人間――真人間《まにんげん》――の生き方であると教えています。

つまり神道では、優しい心をもって誠を尽くし、他者と協調して生きなさい。そのように教えています。

だから、何かしらの問題が起きた場合にも「優しさ」「誠」「ともいき（共生）」を基準にして考える。神道では、問題への向き合い方をそのように教えています。ちなみに私は伝統的な日本の神道を「優しさ」「誠」「ともいき（共生）」の頭文字を取って「やまと教」と命名しています。

また「人生の問題」には正解がないと考えてください。「生活の問題」なら、何かしらの正解があるかもしれないけれど、人生の問題にはない。どう生きるのか、それには正解はないということです。「こう生きるのが正しい」だなんて、人間にはわからないですから。逆に言えば、人生の問題はすべての道が正解である、と言ってもよいでしょう。

「人間の知恵」と「宗教の知恵」

問題を解決するには知恵が求められます。その知恵には二種類あると、わたしは考えています。「人間の知恵」と「宗教の知恵」です。

人間の知恵は生活の問題を解決する知恵と思ってください。その意味では、人間の知恵は「生活の知恵」、あるいは「世間の知恵」と言ってもよいでしょう。

二人の人間にケーキがひとつあるとします。この場合、人間の知恵ではたいてい、どうしたら自分のほうが多く食べられるかを考えます。

ナイフで半分に切るとなったら、少しでも自分のほうが多くなるように切る。二ミリでも三ミリでも少し多くなるように切ろうとする。あるいは、少しでも多いほうを取ろうとする。これが人間の知恵であり生活の知恵です。

ケーキがひとつしかないなら、もうひとつ買ってこよう。そうすれば二人ともケーキをひとつずつ食べられる。こう考えるのは、さてどちらの知恵でしょうか。宗教の知恵？

いいえ、これも人間の知恵であり生活の知恵です。発想がエコノミック・アニマルから一歩も出ていません。まさに人間の知恵、生活の知恵です。

では、宗教の知恵とはどういうものでしょうか。ずいぶん前のことですが、わたしの友人の住職から聞いた話を次の項で紹介しましょう。

宗教の知恵を持った子供

住職には子供が三人いて、真ん中の男の子が知恵遅れだと言います。上の子は男の子、下の子は女の子。真ん中の子は言葉もほとんど話せません。

〝知恵遅れ〟という言葉は差別用語とされ、放送禁止用語になっています。でも、その住職は自分の子を〝知恵遅れ〟と呼んでいました。

「自分が伝えたいことをしっかり伝えるために、あえて〝知恵遅れ〟という言葉を使うんだ。世間の人はうちの子を〝知恵遅れ〟と言うけれど、それは意味が違うんだ」。そのようにも言っていました。

お兄ちゃんと妹が学校に行っているときに、真ん中の子におやつをやっても、その子は絶対に食べなかったそうです。二人が帰ってくるまでジッと待っているのです。

あるとき、ケーキが二つしかなかったそうです。どうしようか……。母親は考えて、真ん中の子にだけひとつ丸ごと与えて、上の子と下の子にはひとつの半分ずつ与えようと思ったそうです。真ん中の子をひいき目で見てしまうのですね。

しかし、目の前に置かれたケーキを真ん中の子はいっこうに食べようとしない。

「どうしたの？　いらないの？　おなか、すいてないの？」

そんなふうに問いかけても、表情からも何もわからない。

と、そこで母親はハタと気がついたそうです。そして目の前に置いたケーキを半分に切って、自分がその半分を食べたのです。そうしたら、その子、どうしたと思いますか。笑顔になって、喜んで残りの半分のケーキを食べ始めたのです。

わたしはこの話を友人の住職から聞いて、これは「仏様の知恵」だなと思いました。この真ん中の子は、どうしたら自分がより多くのケーキを食べられるかを考える知恵はまったく発達していないけれど、お兄ちゃんと妹が半分しか食べられないとき、自分がまるまるひとつ食べてはいけないんだ、という知恵は持っている。これは人間の知恵でも生活の知恵でもない。仏様の知恵にほかなりません。

この子供は住職の子——さらに言えば、住職が仏様から預かっている子——だから、仏教の知恵といえますが、真ん中の子や住職の家族の言葉や行動には「優しさ」があふれているし「誠」を感じるし、「ともいき（共生）」でもあります。とすると、神道（やまと教）のようでもある。つまりこれは、まさに宗教の知恵なのです。

それにしても、この話、いいなぁ、すばらしい話だなぁ、とわたしは思います。経済の成長、発展ばかりを考えて突き進んでいる日本人がすっかり忘れてしまった「宗教の教え」が詰まっている素敵な話だなと思います。

観音様がよいか、お地蔵様がよいか

デタラメに決めることについて先に書きましたね。この方法は「人生の問題」についても使うことができます。

ある日、仏教の講演をしているときにおもしろい質問が出ました。「わたしたちの村で無縁墓《むえんばか》を整理しました」と、その男性は言います。それで無縁墓を整理して、そこにお堂を建てることになったそうです。

問題はそのあとです。「ひろ先生、無縁墓の跡地に何を建てるか、みんなで相談したら、ある者は『観音様がいい』と言います。で、ある者は『お地蔵様がいい』と言う。意見が分かれてしまいました。どうしたもんでしょう？　先生、どっちがいいでしょう？」。こんなことを聞かれました。

どう生きるべきか、その生き方を問い、教えるのが宗教であるとすると、これは「生活の問題」というより「人生の問題」でしょうね。生き方の問題を扱う宗教に関することなので「人生の問題」と考えてよいでしょう。

ともかく、わたしはこの質問を受けて答えました。「あなたね、どうしてあなたの村のことで、わたしが『こっちがいい』と言わないといけないんだ」と。

「でも、先生に相談したらみんな納得するかもしれません」

そう彼は言います。でも、わたしが納得しません。

「そんなの、あなた、村人が決めることで、わたしはしゃしゃり出たくない。勝手に決めればいいじゃないですか」

そう言ってやりました。

でも、「そんな薄情なこと言わないで」と彼も食い下がります。

それじゃあ、とわたしも思いました。「デタラメ」のことを思い浮かべたのです。

「わかりました。そういうことでしたら、明日、村人の皆さんが集まって、代表二人がサイコロを一個ずつ振ってください。合計が奇数のときは観音様、偶数のときはお地蔵様。そう決めてサイコロを振って、その出た目のとおりにしてください」

そう言いました。そうしたら、その人、怒りましたね。「先生、そんなデタラメな」と言って。まさにデタラメですよ。デタラメに決めてください、ということですから。そして、会場の人たちも不満顔でしたね。

わたしはさらに言いました。

「いいですか。観音様とお地蔵様、どっちがいいかなんて、人間にわかりませんよ。美人コンクールじゃないんですよ。美人コンクールなら審査員が偉い。審査員の審美眼、腹づもりで決まるからね。そう、審査員が誰がいちばん美人か査定するから。でも観音様とお地蔵様とどっちがいいか、どっちが偉いか村人やわたしが査定できますか。できないでしょ。できっこ、ありませんよ」

観客の皆さんはわたしをジッと見つめています。わたしはさらに続けました。

「人間には査定できないんです。無理に査定しようとするなんて、けしからんですよ。だったら、観音様とお地蔵様にお願いすればいいんです。『南無観音菩薩《なむかんのんぼさつ》』『南無地蔵菩薩《なむじぞうぼさつ》』。そう言って、観音様かお地蔵様、どちらかお出ましになってください。わたしたちの村に来てください。そうお願いすればいいんです。

そうしたら、観音様とお地蔵様が話し合われますよ。でも、もめるかもしれません。お互いに譲らない可能性がありますね。

たぶん観音様が言うでしょう。『あなたは六地蔵の形で、あちこちにお地蔵さんを建ててもらっているでしょ。だから、あなた、今回は遠慮しなさい。わたしが行きますよ』と。すると、お地蔵さんが怒って言う。『観音様、あなたはもうあちこちに三十三カ所だとか、いっぱい祀《まつ》ってもらっているじゃないですか。やっぱりわたしが行きますよ』と。あーだこーだと、なかなか決まらない。

じゃあ、となって、結局、観音様とお地蔵様はジャンケンをするでしょう。観音様が勝てば、観音様が村に来てくださる。お地蔵様が勝てば、お地蔵様が村に来てくださる。

となると、村人代表二人のサイコロは何かですって？　それはつまり、観音様とお地蔵様のジャンケンの代わりです。観音様とお地蔵様がジャンケンをする代わりに、村人がサイコロを振るのです。奇数が出れば観音様がジャンケンに勝った、偶数が出ればお地蔵様が勝った。そう決めてサイコロを振ってみるのです。これが『デタラメに決める』ということ、すなわち『仏様に決めていただく』ということなのです」

こんなふうに話したら、聴衆の皆さんはやっと納得し、感心してくれました。

「デタラメに決める」のは宗教の本質

別の講演会でも、おもしろい質問が出たことがあります。

「先生、わが家の歴史を調べてみると、三百年前、先祖がキリシタンだったことがわかりました。でも私は浄土真宗の門徒です。キリスト教に改宗したほうがよいでしょうか。それとも浄土真宗のままでいたほうがよいでしょうか」

会場の男性はそんなことを言いました。これも「人生の問題」と言ってよいでしょう。

わたしは次のように言いました。

「三百年前といったら、一七〇〇年の初頭ですよね。そのころは、キリシタンは日本にもういませんよ。もっと前なら、いましたけどね。そうすると、あなたのご先祖様は隠れキリシタンだったのですか？」

「いや、先生、そんなことは聞いてません。三百年前の先祖はキリシタンだったんです」

彼は同じことを繰り返しました。細かいことは、まぁいいか、と思いつつ、わたしは言いました。

「わかりました。あなたの三百年前のご先祖様はキリシタンだったんでしょ？　それじゃ五百年前のご先祖様は何宗だったのですか？」

五百年前といえば、一五〇〇年の初頭。キリスト教は日本にまだ伝えられていません。そうしたこともあって、ちょっと聞いてみたのです。

でもその人、怒ってしまいました。「先生、ふざけないでください。わたしは三百年前のことを聞いているんです。五百年前のことは関係ありません」と言って。

困ったな、と思いつつ、妙案が浮かびました。〝デタラメ〟です。

「それは失礼しました。ところであなた、サイコロは持っていますか。家にあるなら奥さんと二人でサイコロを振ってみてください。奇数が出たらキリスト教に変える。偶数が出たら、そのまま浄土真宗でいてください」

そう言いました。怒るかな、と内心思いました。ところが、今度は怒りませんでしたね。

「先生、ありがとうございます。よくわかりました。目からうろこが落ちました」

そんなふうに言ってくれました。

おそらくその人は、自分が悩んでいる問題は人間にはわからない、サイコロを振ってデタラメに決めればいい、と思ってくれたのでしょう。仏様の領域のことであると気づいてくれたのでしょう。

デタラメに決めるということは仏様に決めていただくことです。仏様にお任せすることです。

この「デタラメに決める」というのは仏教の本質でもあります。もっと言えば、宗教の本質です。

「未来のことはわからない」と、第2章で書きましたね。「未来は神や仏の領域である」とも。そうであれば、未来をどうするか、これからのことをどう判断するか迷ったときは、神や仏にゆだねればいいのです。デタラメに決めるということは、そういうことです。

他人にアドバイスするな

いろいろな場面で、わたしたちは人から相談されることがあります。同級生から相談されたり、会社の同僚から相談されたり、ちょっとした知り合いから相談されたり……。悩みや苦しみを打ち明けられることもあります。

そうすると、わたしたちは何かしらアドバイスしたくなります。

「それはやめておいたほうがいいんじゃないか」

「がんばってみろよ。やれると思うよ」

「今はまだ時期じゃないと思うな。慎重に考えたほうがいいだろうな」

そんなことを言ってみたりします。しかしわたしは、他人にアドバイスするな、と言いたい。他人のことは放っておけ、と言いたい。

自殺などの相談に乗っている人から質問されたことがあります。

「ひろさん、自殺したいという人をどうやって止めたらよいでしょうか。自殺はどうしたら防ぐことができるのでしょうか」

そう聞かれました。でも、自殺を止める方法なんてわからないですよ。それに、これは大変難しい問題でもあります。

フランスの哲学者アラン（一八六八〜一九五一）は哲学の試験に次のような問題をしばしば出したといわれます。

橋の欄干から飛び込んで自殺しようとしている女性があなたの目の前にいます。その女性にあなたはどのような声をかけるのがよいか。

さぁ、どう答えますか。

「生きていると、いろいろありますよ。でも、それも生きているからこそ。これからも生きていきましょうよ」

「何があったのかわかりませんが、今、つらくても未来にはきっといいことがありますよ」

「何があったのですか。わたしに話してみてください。力になれるかもしれません」

……いろいろ思いつきそうですね。でも、この問題には、ある意味、答えなんてありません。正解はないのです。おそらくアランは、答えはない、ということを教えるためにこのような問題をつくったのでしょう。自殺は「人生の問題」。正解などないのです。

「死んで花実《はなみ》が咲くものか」という諺《ことわざ》がありますね。死んでしまえばおしまいで、生きていればよいこともある、という意味です。「生きているうちが花だよ」などとも、よく言ったりします。でも、そのようなこと、ほんとうに保証できるでしょうか。できないはずですよ。

自殺したいという人には、それぞれいろいろな理由があるでしょう。経済的に苦しんでいる人もいます。泥棒をするしかなくなった、という人もいるでしょう。しかし、泥棒はしたくない。罪は犯したくない。そう思っている人に「泥棒をしなさい」と言えますか。「泥棒をしてでも、自殺だけはするな」と言えますか。自殺と泥棒、どちらがよいか、わからないですよ。

自殺を止めることはよいことか

イスラム教に次のような話があります。

あるところに三人兄弟がいました。長男は善人で、よい行ないをたくさんして、長生きし、亡くなってからは天国の特等席に生まれ変わることができました。

次男はよい行ないも多少はしましたが、若死にしてしまったので善行はあまり積めなかった。亡くなってからは、天国に生まれることはできたけれど、天国の中では、いちばん下の天国に行きました。

三男は悪いことをさんざんやって長生きして、亡くなってからは地獄に落ちました。

三人とも亡くなったあとのことです。次男が神様に尋ねました。

「神様、なんで天国のこんな下っ端の席にわたしを置かれたのですか」

問い詰め口調です。

「おまえは若死にしたから善行をそれほど積んでいない。だからじゃ」

そう神様は答えました。

「それじゃあ、どうしてわたしのことを長男みたいに長生きさせてくれなかったのですか」

次男はさらに問いかけました。

「長生きさせると、おまえはきっと悪いことをする。それでは地獄に落ちてしまう。だから、お慈悲でもって若死にさせてやったのだ」

神様はそう言いました。そうしたら、三男が怒ったそうです。「神様、どうしてわたしを長生きさせたんですか」と言って。

さぁ、三男のその質問に対して、あなたが神であればどう答えるか。これはイスラム教の神学の問題のひとつです。

じつはこの問題、答えはないのです。神様が何を思っておられるかなど人間にわかるはずがないからです。

お慈悲でもって、次男を若死にさせた。おかげで次男は悪さをしなかった。曲がりなりにも天国に行くことができた。

そういうことを考えると、酷な言い方に聞こえるかもしれませんが、自殺する人は早く死んだほうが神様の意図に合っているかもしれません。自殺しようとする人を引き止めて、彼が悪いことをして、結局、地獄に落ちたら引き止めた人は責任を持てるのか。持てないでしょうね。

自殺防止の相談を受けている人、その相談に乗ってアドバイスしている人。彼らはよいことをされているつもりでしょうが、宗教の問題として考えると、難しい。「よいことをしている」と簡単には言えないのです。わたしは必ずしも賛成できません。だからわたしは、わたしに相談した人にもそのように答えました。

子も親も同い年

ジョークをひとつ紹介しましょう。

ある女の人がお寺の和尚さんに、自分の子供が不登校になったので、どうしたらよいか、相談しに行ったといいます。そうしたら、和尚さん、こう言ったというのです。

「わしはな、ナマモノは扱わんのじゃ。死体になったら持っておいで」

ひどい和尚さんですね。でも、今のお坊さんはこういう人、多いですよ。

もちろん、なかにはいい和尚さんもいます。ここから先はジョークではありません。

「子供が不登校になったんです。子供も悩んでいます。どうしたらいいでしょう?」

あるお母さんが和尚さんにそう聞きました。

「そうですか。それで、あなたのお子さんはいくつなんですか?」

和尚さんは聞き返しました。

「はい、和尚さん。うちの子は今、十三歳です」

「ほう、それでお母さん、あなたはいくつですか?」

「そんな、和尚さん。女性に年なんか、聞かないでくださいよ」

「いやいや、ちゃんと言わないといけませんよ。相談しに来たのでしょ。きちんと答えてください。大事なことですよ」

和尚さんはピシャリとそう言ったそうです。

「はい、すみません、和尚さん。わたしは三十八歳です」

「ン!?　三十八歳……。それは違いますよ。大間違いですよ。あなたの子供は十三歳でしょ。だったら、あなたも十三歳じゃないですか。子供が生まれて、初めて親にしてもらったんでしょ。だから、あなたも親としては十三歳なんですよ。

いいですか、あなたは『十三歳の子供が悩んでいる』と、そう思っているでしょ。でも、そんな考え方をしてはいけません。そうではなくて『十三歳の子供の悩みを十三歳のあなたが受けている』のです。そうでしょ」

和尚さんはこのように言われたようです。この話を聞いて、わたしは感心しました。偉い和尚さんだなと。これなら母と子が一緒に困って、一緒に悩んで、一緒に苦しむことになります。それでいいのです。アドバイスなんかしなくていいのです。話を聞いて、一緒に困って、悩んで、苦しむ。それが大事なことなのです。

布施とは、親身になること

「『死にたい、死にたい』と言って、死んだ人はいない」ということが、ときどき言われます。でもそれは無責任な言い方だと思いますよ。「死にたい、死にたい」と言って、ほんとうに死んでしまう人もいるかもしれませんから。だから、それは「わからない」ことです。わからないことをわからないとわかること。これが「あきらめ」です。明らかにすることです。

自殺する、と言う人がほんとうに自殺するかどうか、わからない。

自殺することを止められるかどうか、わからない。

自殺することを止めようとするのがよいかどうか、わからない。

これらのことは「わからない」のです。ところが、わたしたちは相談に乗りたくなってしまう。何かしらアドバイスしたくなってしまう。

でも、ここで話が終わってしまうと、ちょっと身も蓋《ふた》もないかもしれません。相談を受けても無視しなさい、無視するのがいちばんいい、といったのでは相談した人に救いがないかもしれません。

では、相談を受けた人はどうするのがよいのでしょうか。それは、相手の話をよく聞いてあげることです。親身になって聞いてあげることです。聞いて、「困りましたね」「弱りましたね」「つらいですよね」などと言ってあげることです。「人ごとだ、どうでもいい、俺の知ったことではない」などと思わずに、かといって、何かしらのアドバイスもせずに、ただ相手の話を聞いてあげて、親身になって言葉をかけてあげることです。相談を受けた人はそうすることしかできないのですから。

親身になって聞いて、親身になって言葉をかける。その行為は仏教でいえば「布施《ふせ》」です。

神なら、仏なら、どう言われるだろうか

わたしたちが他人に何かアドバイスしたくなるというのは、世間の知恵（生活の知恵）

で解決しようとしているからです。世間の知恵からすると確かに、自殺したいと思っている人には自殺しないほうがいい、自殺なんかするな、とアドバイスしたくなるでしょう。今のままではよくない、君は変わったほうがいいよ。そんなことも言いたくなるかもしれません。それは世間の知恵であり生活の知恵です。しかし、宗教の知恵では、そうしたアドバイスはしないはずです。

そこで考えてほしいのは「神や仏だったら、どう言われるか、どう考えられるか」ということです。「神なら、仏なら、自殺したい人にどう言われるだろうか。どう考えられるだろうか」。そのことを考えてほしい。

さぁ、どうでしょうか。あなたなら、どう答えますか。

神や仏はどう言われるか、どのように考えられるか。――それは、わかりません。あなたが一所懸命に考えても、わからないのです。人間が考えてもわからないことなのです。そのことをわからなくてはいけません。

読者の方に少し意地悪な問いかけだったかもしれません。でも、このことはぜひ理解してほしい。「神や仏が考えていることを人間はわからない」ことを知ってほしいのです。

自殺の問題、不登校の問題、貧困の問題……世の中には、いろいろな問題があります。そうした問題の中には人生の問題も少なくありません。

そうした問題を世間の知恵や生活の知恵で解決しようとしないほうがいい。世間の知恵や生活の知恵を発揮しないほうがいいとも言えます。人生の問題は、人間の知恵ではなかなか解決できないのです。

では、どうするのがよいのでしょうか。まずは神なら、仏なら、どう言われるか、を考える。どう考えられるか、を考える。でも、それはわかりませんね。いくら考えても人間にはわからない。そのことをわかった上で、神ならどう考えられるだろうか、仏ならどう考えられるだろうか、を考えてみてください。

仏は不登校の子供にどう言われると思いますか。――「そのまんま」。「そのまんまでいいんだよ。君はそのまんま、不登校のままでいいんだよ」。仏はこう言われるに違いありません。

浄土宗や浄土真宗などでは「南無阿弥陀仏《なむあみだぶつ》」と言いますね。これは阿弥陀仏にすべてお任せしますということです。

日蓮宗などでは「南無妙法蓮華経《なむみょうほうれんげきょう》」と言います。これは法華経の教えにすべてお任せしますということです。

仏教徒なら、それぞれ信じている念仏や題目を唱えればよいのです。ただ、「南無そのまんま・そのまんま」であれば、どんな宗派の人でも差し支えありません。

「南無そのまんま」は「人はそのままがいちばんいい」という仏教の教えを表わしています。これは仏教の真髄です。「そのままでいいんだよ」と仏様が言ってくださっている。

自分が今ある、そのままでいい。それを信じることです。背が低ければ低いまま、太っていれば太っているまま、勉強が苦手なら苦手なまま、運動が苦手なら運動が苦手なまま、若者は若者のまま、老人は老人のまま、病人は病人のまま、引きこもりは引きこもりのまま……それぞれがそのままでいることがいちばんすばらしいのだ、ということです。

また、『旧約聖書』の「ヨブ記」には、人間が苦しもうが、病気になろうが、何の意味もない、神様が遊んでいるだけである、といった話が出てきます。ユダヤ教でもキリスト教でもイスラム教でも、神は人間を道具にして遊んでいるのです。そのような神が何を言われるか、何を考えられているか、人間にはわかるはずがありません。

仏は「そのまんまでいいんだよ」と言われ、神は戯れている。となると、人間にとって大事なのはジタバタしないことです。思うようにしようとしないことです。相談を受けた人は、親身になって聞いて、親身になって言葉をかけてあげることです。それが、宗教が教えていることです。

第4章

宗教と道徳はどう違うの？

道徳は強い人が弱い人を痛めつける道具

宗教と言うと、道徳を思い浮かべる人もいます。宗教は道徳を説いているんだ、などと思っている人もいます。あるいは、道徳があれば宗教は要らないと思っている人もいるようです。

宗教と道徳、この二つには違いがたくさんあります。と言いますか、この二つは根本的に異なります。宗教についてはすでにかなり解説してきたので、ここでは道徳についてしばらく書いてみましょう。

道徳の特徴のひとつは「強い人が弱い人を縛ったり、痛めつけたりする」ことです。「学校や会社に遅刻してはいけない」「待ち合わせに遅れてはいけない」「時間は守らないといけない」……こういう教えは宗教ではありません。道徳のひとつです。

たとえば、社長と部下が待ち合わせをして、部下が遅刻をしたら、どうなりますか。
「君はいったい、わたしとの打ち合わせをなんと心得ておるんだ。君はクビだ!」

こんなことにもなりかねません。そこまでならなくとも、この部下の評価は大いに下がって、昇進できなくなったり降格になってしまったりするかもしれません。

ところが社長が遅刻したら、どうでしょうか。

「やぁ、待たせたかな。よし、では行こうか」

何事もなかったかのように事は進んでいくでしょう。

学校でも、生徒が遅れてきたら、こっぴどく怒られるのに、先生が遅れてきた場合はおとがめなし、などということも珍しくありません。

生徒が始業開始時刻に一分でも遅れようものなら、その生徒は怒られるでしょうが、先生が五分とか十分、遅れてきても生徒は先生を怒らないし、怒れないでしょうね。

「時間は守らないといけない」「遅刻は許されない」という道徳を忠実に守ったために、悲惨な事件が起きたこともありました。一九九〇年に神戸の高校で起きた校門圧死事件。当時、大きく報道されましたから覚えている人もいるでしょう。

教師が遅刻を取り締まっていて、登校の門限時刻に校門を閉鎖しようとした。そこに駆け寄ってきた女子生徒が校門に挟まれて亡くなった事件です。その女生徒は当時、十五歳でした。強い立場の教師が弱い立場の生徒を殺してしまったといってもいい、あまりに悲しい事件でした。

「ウソをついてはいけない」。この教えも道徳ですね。しかし、政治家はしょっちゅうウソをついています。公約違反などは茶飯事です。

その政治家が「道徳教育を強化すべきだ」と言ったりします。あげくに「道徳を教科に格上げしよう」などと言い出します。道徳を教科にして強化しよう、というわけです。まぁ、これはちょっとダジャレでもありますが、ひどいことです。

道徳は時代や場所によって変わる

「道徳は時代や場所によって違うし、変わりうる」という特徴もあります。道徳は時間や空間に制約されているのです。

今の日本では、人を殺してはいけません、となっていますね。これは道徳教育として言われることです。殺すと法律で罰せられることにもなります。

ところが、日本の国家は、死刑でもって人を殺しています。何かしらの罪を犯したために処刑するということですが、ともかく国家なら殺人をしてもよいことになっています。またこれは、前項で書いたように、強い存在である国家が弱い存在である個人を痛めつけているとも言えます。

戦争のときも人殺しをしても構いません。個人が個人を殺して構わない状況になります。いいえ、むしろ敵を殺せば殺すほど褒められ、称えられ、英雄視されます。

日本でも、数十年前は戦争をしていましたね。そのときは「鬼畜米英」と叫んで、アメリカなどに攻撃を仕掛け、ほかのアジアの国々とも殺し合いをしていました。それが国として正しいこととされていたのです。戦争に勝とうというのは、殺し合いに勝とうということですから、戦時中、敵を殺すことは道徳的には正しいことになります。

ところが、今の日本のように平和な世の中では、人殺しが評価されることはまずありません。恐れられ、気味悪がられ、決して関わりたくないと思われるでしょう。戦時と平時とでは人殺しの評価が道徳では大きく異なってしまうのです。

宗教も「人を殺してはいけない」と教えています。表面だけを見ると、道徳も宗教も同じに思えますが、そうではありません。宗教は、国家であっても、王であっても、大統領であっても、戦時であっても、殺されそうになったときでも殺人を非難します。つまり宗教は、誰に対しても、いつであっても、どんな場合であっても、人を殺すことを非難します。宗教と道徳とは根本が違うことがこの点でもわかるでしょう。

どういう態度を叱るのか

ある女性に教えてもらった話を紹介しましょう。大阪在住のその女性は大正時代一桁《ひとけた》の生まれで、親は明治時代の生まれだといいます。

彼女はわたしに次のような話をしてくれました。


わたしが小学生のころです。確かお葬式か何かがあって、大阪から東京に父と二人で行くことになりました。

行きは夜行列車の三等車に乗りました。車内の床には、あちこちにゴミが落ちていましたね。

そんな中、わたしは鼻をかんで、その鼻紙を床に捨てました。あたりはゴミだらけ。いいかな、と思ったのでしょうね。父も何も言いませんでした。

帰りの列車は特急燕《つばめ》号で、車両は一等車の展望車。

帰りもチリ紙で鼻をかみました。今度の車内は行きの三等車と違ってゴミひとつ落ちていません。「これじゃ、床に捨てられない」。そう思って、今度はポケットに入れました。

すると、父にこっぴどく怒られました。「おまえは、周りが汚ければ、平気でゴミを捨て、周りがきれいならゴミを捨てないのか！　そんなに主体性がないのか！」と言われて。

「明治生まれの父は偉かったですね」。彼女はそう語っていました。

彼女の話を聞いて、確かに明治生まれの日本人は偉いな、とわたしも思いました。それに比べて大正生まれはダメだな、とも。もちろん、この女性がダメだというのではありませんよ。大正世代以降は一般に、今につながるご都合主義にまみれてしまったと感じるのです。

この女性はとてもよい話をわたしたちに教えてくれています。彼女の父親は彼女に道徳を教えようとしたのではないのです。道徳であれば、彼女が鼻紙を床に捨てたときに叱っていたはずです。「その辺にゴミを捨てるものではない」と言って。

しかし、彼女の父親は鼻紙を捨てたときではなく、鼻紙を捨てなかったときに叱りました。主体性のなさ、一貫性のなさ、周りの環境によってふらつく性根《しょうね》を叱ったのです。

ほかの人がゴミを捨てようが散らかそうが、きれいにしていようが「自分はどうするのか」「自分はどうするのがよいのか」、大事なのはそれのはずです。明治生まれの人は、惑わされない原理を持っていたのでしょう。そういう意味では、この父親は宗教心のある人だと思います。ご都合主義に流されていない、しっかりした人だったのだと思います。

〝ゴミ〟に対する見方も異なる

ゴミの話が出たこともあり、ゴミから見える仏教の本質を少し書いてみましょう。

仏教は別段、ゴミを捨てるな、とは教えていません。ときおり、禅のお坊さんなどが「ゴミを捨ててはいけません。ゴミを拾いましょう」などと言っているようですが、僧侶の発言としては感心しません。それではまるで道徳の推進役です。繰り返しますと、宗教と道徳とは違うものです。無関係です。僧侶が道徳を説くいわれも必要もないのです。

般若心経には「是諸法空相《ぜしょほうくうそう》。不生不滅《ふしょうふめつ》。不垢不浄《ふくふじょう》。不増不減《ふぞうふげん》」とあります。「すべては空《くう》であるから、生じたり滅したりすることなく、きれいも汚いもなく、増えもせず減りもしない」ということです。

そうです、きれいも汚いもないのです。ゴミにこだわる必要はない、ゴミにこだわるな、と仏教は教えているのです。

「脚下照顧《きゃっかしょうこ》」という禅の言葉があります。これは「自分の足元を見なさい」「自分の存在基盤をしっかり考えなさい」ということです。道徳に振り回されることなく、主体的に生きているか、足元がふらついていないかを問うているのです。

ところが、禅僧の中には妙な解説をする人がいます。

「脚下照顧というのは、玄関の履き物をいつもきちんとそろえておきなさい、という教えです。玄関が整っていないということは、その人の心が乱れている証《あかし》です。足元を照らし、心を清浄にすることが大切ですよ」

「玄関の靴をしっかりそろえている家には、空き巣が入らないと言いますね。それはその家がきちんとしているかどうか、履き物の脱ぎ方でわかるからです。禅の脚下照顧が教えているとおりですね」

そんなおかしなことを言う僧侶がいます。

そうではないのです。禅が教える脚下照顧は「こだわるな」ということです。玄関が乱雑であろうが整頓《せいとん》されていようが、こだわるな、というのが禅の教えていることなのです。「差別するな」「きれい・汚いにこだわるな」「ゴミを気にするな」……禅は、仏教は、このように教えています。

般若心経には「すべては空である」と書かれていると言いましたね。空とは「こだわるな」ということです。「あるがままに受け止めよ」「価値づけするな」「意味づけするな」ということです。汚ければ汚くていいじゃないか。こだわる必要はない。それが仏教の教えです。

少し発展させて考えれば、きれいになればうまくいく、と考えるな、ということです。玄関がきれいになればうまくいく。上司がもっと協力してくれたら仕事はうまくいく。給料が上がれば人生、楽しくなる。優しい人に出会えれば、わたしの人生、幸せになる。……こんなことは考えるな、そんなことにこだわるな、ということです。そうでなく、今のままがすばらしい。今を生き現状を見つめ、そこから始めるのがよいのだ、というのが仏教の教えなのです。

赤信号みんなで渡れば怖くない？

「赤信号　みんなで渡れば　怖くない」というギャグがずいぶん前に流行《はや》りました。今では諺のようにも使われ、実際、諺の辞典にも載っているようです。

このギャグ（諺？）、日本人の無節操加減をよく表わしていますね。自分の意志を持たずに世の中の流れに従って生きている状態です。

確かにみんなで渡れば、赤信号も怖くはないでしょう。車は恐れをなして（？）止まってくれるでしょうから。

でも、考えてみてください。歩行者は青信号でも当然渡りますよね。となると、止められた車はいつまで止まっていればいいのでしょうか。歩行者がいる限りは、ずっと止まっていないといけなくなりますね。つまり「赤信号みんなで渡れば怖くない」というのは、待つ自動車のことがまったく眼中にないのです。自分（たち）だけよければいい、という考えです。とても宗教心があるとは思えません。

先ほど、周りがきれいならゴミを捨てずに、周りが汚ければゴミを捨てた女の子の話を書きました。それを明治生まれの親は叱ったと。この女の子の行為と「赤信号みんなで渡れば怖くない」は、とてもよく似ています。一方、この女の子の父親と「赤信号みんなで渡れば怖くない」は正反対です。

女の子も「赤信号～」も周りの状況に流されています。周りの状況や環境が変わると、それに伴って自分の考えも行動も変わる。まるで主体性がありません。考えや行動に原理がないのです。

一方、女の子の父親は周りの状況や環境に振り回されていません。左右されず、支配されていません。だから、汚い車内ではゴミを捨て、きれいな車内ではゴミを捨てなかった娘を叱ったのです。この人であれば、赤信号を周りのみんなが渡っていても、一人渡らずに待っているでしょう。車が一台も通っていない山道でも、赤信号であれば、渡らずに待つでしょう。これが宗教の教えであり、宗教心なのです。

宗教は心の内を大事にする

結果か内面か。表面的なことか心の内か。――これらにも道徳と宗教との違いが現われています。

ひとつ例を出しましょう。ある日の夕方、電車に乗って座席に座っていたら、おばあさんがあなたの前に立ちました。二十代半ばのバリバリの営業マンとはいえ、この日、あなたは朝から仕事に追われ、昼食も食べていません。ヘトヘトな上に空腹。さっきまで立っていたけれど前の座席に座っていた人が電車を降りたのでやっと座れたのです。さて、あなたはどうしますか。このおばあさんに席を譲りますか。

……譲った、としましょう。あなたは立ち上がって、おばあさんに席を譲ったのです。

ただし、問題があります。それは心の内です。どういう思いで席を譲ったか。それが問題なのです。

年寄りが来たのか。仕方がないな。立つか。……こう思って席を譲ったのか。

それとも――

年を取っているのだから、大変だろうな。この人に座ってもらいたいな。……こんなふうに思って席を譲ったのか。

前者であれば、おばあさんがお礼も言わずに座ったのなら、「なんだ、このばあさん、礼も言わずに座りやがって。まったくけしからん!」。こんなふうに思うかもしれません。

しかし、後者であれば、相手が礼を言おうが言うまいが「座ってくれて、ありがとう」という心持ちになるでしょう。なにしろ「座ってもらいたい」と思っているのですから。

この違いは大きいですね。同じ行為でもまるで違います。

本音では相手を軽蔑《けいべつ》しながらでも、心の中では相手を罵倒《ばとう》しながらでも、ともかく席を譲った人はよい人間とされる。こうした行為は通常「善行」といわれます。善行は心の中を問いません。道徳的な考え方ですね。

これに対し、宗教は心の中を重視します。席を譲るという表面の行為以上に内面を重視します。

だから、場合によっては席を譲らなくても構わないと、宗教は——とりわけ仏教は——考えます。

「おばあさん、譲ってあげたいんだけど、僕もかなり参っているんだ。もう倒れそうなんだ。ごめんなさい。申し訳ないけれど、僕を座らせてください」

そう心の中で謝って座っているのであれば、仏教ではあなたを問い詰めたりはしません。これは善行ではなく「布施」です。相手に親身になる「布施」です。

道徳は表面や結果を重視しますが、宗教は内面、心の内を重視する。これも両者の大きな違いです。

道徳なんて、クソ食らえ！

道徳は強い人が弱い人を縛ったり、痛めつけたりするものだと言いましたね。そして、時代や場所によって違うし、変わりうるものでもあります。

道徳は強い者の味方で、時間や空間に制約されています。道徳なんてクソ食らえ、とわたしは思うし、庶民であればそう思うべきものです。ひと言で言えば、道徳はじつにいかがわしいのです。

国家権力は道徳を常に必要としています。強者が弱者を縛りつけておくには便利な道具だから当然です。

道徳を教科に格上げしようという動きがありますが、これも当然のことです。国家権力としては国民を都合よく操りやすくなるからです。

「これは国民としての義務である」「このように生きるのが日本人としての正しい道である」「日本人であるなら、これこれのことを果たすべきである」……そんなことを学校で教えたがっているのです。じつにいかがわしいですね。

道徳、クソ食らえ、と書きましたが、道徳教育もクソ食らえ、です。庶民はそう思ったほうがよいのです。

でも、見方によっては、学校では道徳を教えたほうがよいともいえます。だからわたしは学校の先生たちに「道徳教育に反対しないでください」と言ったりします。どうしてかというと、先生たちは道徳の本質を子供たちに教えればよいのです。

「道徳というのは、強い人の味方なんだ」

「道徳は時代によって、コロコロ変わるんだ」

「弱い庶民は道徳なんかに縛られないでよい」

……こうしたことを子供たちに教えればよいのです。それこそがほんとうの道徳教育です。

倫理は道徳よりは優れている

世の中、道徳だけでは困ります。少なくともわたしたち庶民は困ります。そこで求められるものとして倫理があります。

道徳よりもっと理性的で、人々に共通性を持った指針になるものはないかと考えて、構築された思想が倫理であり、それが倫理学という学問になりました。

倫理学では国、地域、時代を超越した真理を追究しています。「今日《こんにち》この場での真理」ではないわけです。

この点、国や地域、時代によって大きく異なる道徳とは違いますね。なにしろ道徳では、平時ではおおかた人殺しは罰せられますが、戦時で敵が相手なら人殺しは褒め称えられるわけですから。

人類が求めている普遍的な真理が倫理で、地球的規模での時間と空間は超えていると言えます。そう考えると倫理は地球的規模の思想です。

その一方で倫理は、倫理学者ないしは哲学者の数だけ倫理が存在しています。ソクラテスはソクラテスの倫理を追究し、デカルトはデカルトの倫理を追究し、カントはカントの倫理を追究しました。プラトンもヘーゲルもハイデッカーも、みんなそうです。普遍的なものを求めているのに、倫理学者の数だけ倫理が存在するという矛盾をはらんでいるのです。

倫理は道徳よりはマシに思えますが、あくまでも人間の理性でつくり上げるものです。その点、宗教は違います。宗教はもっと大きい。地球レベルではなく宇宙レベルです。

宗教は宇宙の真理を追究している

釈迦は二十九歳で出家して、三十五歳で悟りを開き、最高の真理を発見して仏陀になった。その真理を説いているのが仏教である。――このように学校で習った人も多いでしょう。

でも、この教え方、あるいは考え方は根本的に間違っています。宗教というものをまるでわかっていません。この説明が正しいのなら、仏教は、さらには宗教は倫理とさして変わらないものになってしまいます。というのも、これではお釈迦様はソクラテスやカントたちと同次元の哲学者になってしまうからです。

では、お釈迦様とはいったい何者か。じつはお釈迦様は人間ではありません。宇宙人です。……どうです、驚きましたか? エッ、ひろさちやの言葉に驚いた!? さすがにそれはインチキではないかって!? そうでしょうね、驚くでしょうね。でも、決してインチキではありませんよ。

お釈迦様は宇宙人である。確かに、これだけでは驚くでしょうし、にわかには信じられないかもしれません。なので、もう少し正確にいえば、お釈迦様は「宇宙の真理を私たち人間に伝えるために、人間の姿形《すがたかたち》をして、この世に出現された宇宙人」なのです。

宇宙人というと、ウルトラマンやバルタン星人などをイメージするかもしれませんが、その宇宙人は異星人です。しかし、ここでいう宇宙人は異星人ではなく、宇宙全体を体現した人のことです。仏教では、お釈迦様のように人間の形になって現われた宇宙人を「応《おう》身仏《じんぶつ》」と言います。一方、わたしたちの前には姿を見せない宇宙仏《ぶつ》は「法身仏《ほっしんぶつ》」と言います。ちなみに「宇宙仏」はわたしの造語です。

お釈迦様は「人間の姿形をして、この世に出現された宇宙人」ですから、仏教の教えは地球レベルでの真理ではないし、ましてや日本人レベルの真理でもありません。道徳や倫理とは次元が異なるのがわかるでしょう。

仏教は――ユダヤ教もキリスト教もイスラム教も――当然、イデオロギーでもありません。宗教は人間が考えた思想ではないのだから当然ですね。

「イデオロギー」という言葉は、本書ではここで初めて使いました。少し説明すれば、イデオロギーは歴史的、社会的立場を反映した思想の体系です。

たとえば、マルクス主義というイデオロギーはある時期、ある地域においては正しいとされました。もちろん、今も正しいと思っている人はいます。しかし、時代によっては、あるいは場所によっては否定されます。つまり、時間や空間に制約されています。その意味ではイデオロギーは道徳と同じです。宗教とはまるで違うことに気がつくでしょう。

第2章で、宗教の基本は信じることではなく、信じさせてもらうことだと書きました。神であれ、仏であれ、絶対者がわたしを信じさせてくれる。それが宗教であると。

信じさせてもらう。それは宇宙の真理を信じさせてもらう、ということです。宇宙の真理を信じるも信じないも、そもそもそれは真理なのだから関係ありません。人間が信じようが信じまいが、どうだっていいのです。宇宙の真理は宇宙の真理としてあるだけです。わたしたち人間はそこをわからないといけません。

神の子と宇宙人

神は「いる」のか「いない」のかという議論がありますね。しかしじつは、この問い自体がそもそも成り立ちません。

「いる」とか「いない」とか、「ある」とか「ない」とかは、わたしたち人間に認識できることが前提になっている議論です。たとえば、太陽がある、木がある、コーヒーがある、というのは、わたしたちがそれらを見たり、触ったり、味わったりすることで認知します。それで「ある」と言っているわけです。

しかし、神はわたしたちが認識できる域を超えています。見ることによって「ある」、触ることによって「ある」、聞いたり、味わったり、嗅《か》いだりすることで「ある」のではないのです。

『旧約聖書』に「わたしは有って有る者」（「出エジプト記」第三章）という言葉があります。人間の認識による「ある」「ない」とは関係なく、「ある」もの、それが「有って有る者」の意味です。人間が認識しようがしまいが、そんなことはいっさい関係ありません。「有って有る者」が神です。

イエスは「神の子」です。神の子たるイエスが神のメッセージ（言葉）をもってこの世に来臨されたのです。

ただし、これはキリスト教の見方で、ユダヤ教では違った見方をします。ユダヤ教徒にとってはイエスは人間、それもとんでもないことをしでかした犯罪者です。だから、ユダヤ教徒はイエスを捕らえ、十字架に架けて処刑したのです。

イエスは神の子。そうとらえるところからキリスト教は出発しています。

一方、仏教は、釈迦は宇宙人である、ととらえるところから出発しています。

イエスも釈迦も人間ではない。神の子であり宇宙人である。そうした神の子や宇宙人が真理を追究し、明らかにしているのが宗教です。時代や場所によって変わる、人間の考えた道徳とも、時代や場所は超越しているとはいえ、やはり人間が考えた地球規模の倫理とも宗教は根本的に異なるのです。

法律は絶対でも万能でもない

宗教、道徳、倫理と見てきました。何かが抜けている、と思っている読者もいるかもしれません。法律がないな、と思う人もいるでしょう。ということで、法律についても考察をしてみましょう。

法律もわたしたち人間が生きていく上ではとても大事だ。生活の拠《よ》り所にもなっている。法律は宗教などと比較しても非常に重要ではないか。……このように思う人も多いでしょう。しかしわたしには、日本人は法律というものを過大評価しているように思えます。

法律は絶対的な存在ではありませんよ。人間が考え、つくった便宜的な規範です。当然、万能ではありません。

未成年者飲酒禁止法という法律があります。未成年者（満二十歳未満）は酒を飲んではいけないと、この法律では定められています。そして、未成年者の飲酒を知りつつそれを止めなかった親や監督者、酒を販売したり与えたりした店の人などは罰せられます。

でも、どうでしょうか。二十歳の誕生日に飲むビールや日本酒、焼酎は合法で、その前日の十九歳と三百六十四日目に飲むビールや日本酒、焼酎は違法になるのですよ。この一日にどういう意味があるのでしょうか。二十歳の誕生日を迎えたとたんに、アルコールに強くなったり、飲みすぎをコントロールできるようになったりするわけではないでしょう。

未成年者にも酒を飲ませてよい、と言いたいわけではもちろんありません。未成年者飲酒禁止法が存在する意味はあると思いますが、絶対的で、すべてに優先すると考えるのは間違いではないか、と言いたいのです。

二十歳以上でも酒の弱い人はいるし、十八歳でも飲んでみたらウワバミだった、なんていう若者もいるでしょう。でも法律は、それをひとくくりにして、決まりとして定めているのです。

また「人を殺してはいけない」とは、どの法律にも書かれていません。刑法一九九条に

「人を殺した者は死刑又は無期若しくは五年以上の懲役に処する」と書かれているだけです。「人の物を盗んではいけない」とも「ウソをついてはいけない」とも法律には書かれていません。しかし、人の物を盗めば窃盗罪などとして罰せられるし、ウソをつけば状況などによっては偽証罪などで罰せられます。しかし宗教、たとえば仏教であれば、どんなことがあっても相手の命を奪うことは許されません。

また、たとえばユダヤ教の聖典である『旧約聖書』――『旧約聖書』はキリスト教の視点から見た表現で、ユダヤ教から見ると単に『聖書』――には「殺してはいけない」「盗んではいけない」「隣人に関して偽証してはいけない」とあります。これらは「モーセの十戒」の一部でもあります。

刑事法に限らず、現在の日本にはじつにたくさんの法律があります。重要な法律もたくさんあるでしょうが、万能なわけでは決してありません。

宗教は道徳とも倫理とも、そして法律とも違います。その違いを認識して宗教を理解することが大切です。宗教は宇宙レベルの倫理を説いている。このことを押さえておくことも大切です。

第5章

宗教心を失った日本人

人が二人いて、パンがひとつ。さぁ、どうしますか？

この第5章では、主に「宗教心」について見ていきます。宗教心とは何か、日本人に宗教心はあるのか……そうしたことを見ていこうと思います。

そのために、まず問題をひとつ出してみましょう。二人の人間がいてパンがひとつあります。この場合、あなたならどういう対応を取りますか。

選択肢を四つ挙げましょう。

(A) パンを半分に分ける
(B) 一人がパンを食べて、もう一人は食べない
(C) 二人ともパンを食べない
(D) パンをもうひとつ買ってくる

さぁ、あなたなら、どうしますか。

……ちょっと考えてみてください。
（A）を選んだ人、宗教心がありますね。
（B）を選んだ人、あなたも宗教心があります。
（C）を選んだ人、あなたにも宗教心はしっかりあります。
そして（D）を選んだ人、あなたには宗教心はあまりないかもしれないですね。この（D）だけが宗教的ではなく「世間の生き方」です。

どういうことか、次の項から詳しく見ていきましょう。

キリスト教では「半分ずつ食べる」

（A）（B）（C）はいずれも宗教心のある考え方です。具体的には――
（A）はキリスト教
（B）はユダヤ教、あるいはイスラム教
（C）は仏教

の考え方です。

解説してみましょう。まず（A）から。パンを半分こして、そのまま半分ずつ食べるのがキリスト教の考え方です。

キリスト教の聖典のひとつである『新約聖書』には、次のような話があります。五千人の群衆がいて、その人たちにイエスは食べ物を与えようとします。しかし手元にあるのはパン五個と魚二匹。

「あなた方が彼らに食べ物を与えなさい」

イエスは弟子たちにそう言いました。

「ここにはパン五つと魚二匹しかありません」

弟子が答えます。

そこでイエスは、五つのパンと二匹の魚を手に取って天を仰ぎ、賛美の祈りを唱えます。そして、パンを割いて弟子たちに渡します。弟子たちがそのパンを群集に与えると全員が満腹になったといいます。さらに残ったパンくずを集めると、十二個あった籠《かご》がいっぱいになりました。

これは言わば「奇跡の物語」ですね。こういう話が『新約聖書』に載っています。

ここから考えると、パンがひとつで人が二人いたら、パンを半分に分けて、半分ずつ食べなさい、とキリスト教では教えているとわかるでしょう。

五人いて、パンが一個であれば五分の一ずつ食べなさい。十人いて、パンが一個であれば十分の一ずつ食べなさい。そうやって食べるのがいちばんおいしい食べ方なのだと、キリスト教では教えているのです。

この考え方は「キリスト教の考え方」であると書きましたが、正確にいえば「イエスが神の代わりに神の言葉を伝えている」ということです。「ゴッドの命令である」ということです。

ユダヤ教とイスラム教では「パンは一人だけ食べる」

(B)の「一人がパンを食べて、もう一人は食べない」。これはユダヤ教やイスラム教の考え方です。

わたしはこの（B）も（A）の「パンを半分に分ける」と（C）の「二人ともパンを食べない」と同様に宗教心があると書きましたね。でも、さすがに（B）の考えはひどいんじゃないか、これのどこに宗教心があるのだ、と思う人もいそうです。いいえ、多くの日本人がそのように思うでしょう。

それでは、食べられない片方の人があまりにかわいそうだ。もしこれが宗教心というのなら、なんて思いやりのない宗教なんだ。そう思う人もいるでしょう。

ユダヤ教の聖典には『旧約聖書』のほかに『タルムード』があります。この『タルムード』には「砂漠に水を持参した者と持参しなかった者とがいた場合、持参した者は自分一人で水を飲みなさい。一滴たりとも、水を与えてはならない」といったことが書かれています。

やっぱりひどい宗教だ。そう思いますか。

この教えを知った当初、わたしは次のように考えました。すなわち、ユダヤ教が発達したのは砂漠だから水を半分に分けても足りなくて、二人とも死んでしまう可能性が高い。それよりは、一人が助かって、一人が死んだほうが、まだよい。だから『タルムード』は

「一人だけが飲みなさい」と教えているのだろうと。

こういう説明を日本人にすると「力の強い人が水を飲むということですね。飲めない人はかわいそうですね」という感想が返ってきたりしました。

でもそのとらえ方は、いかにも現代の日本的解釈です。弱肉強食の世の中を好む自民党的発想です。

わたし自身もユダヤ教の教えをさらに学ぶと、この教えが「神の命令」であることに気がつきました。『タルムード』は律法、すなわち神の命令です。『旧約聖書』も『タルムード』も『新約聖書』も『コーラン』も神の命令です。

となると、「水を一人で飲む」ことのとらえ方を根本的に変えなくてはいけません。水を持ってきた者は用意周到だから、あるいは優秀だから、水を持ってきたわけではないのです。その水は「神がその人に与えてくださった水」なのです。

神様がその人に「飲みなさい」と授けてくださった。だから、その人はその水を飲まなくてはいけません。「神様、ありがとうございます」と言って飲むのです。

水を持ってこなかった人は「水を持ってこなかったのは、神様がわたしに与えてくださらなかったからだ。だからわたしは飲んではいけない、飲むべきではない」、そう考えるほかありません。

しかしこれでは、水を飲んだ人だけが助かって、飲まなかった人は死んでしまう可能性が高いですね。だから、水を飲んで助かった人――神から水を授けられて、神に助けられた人――は、水を飲めなかった人を救助しなくてはいけない。あるいは、もし亡くなれば、その人の分まで精一杯生きて、世の中のために尽力しないといけない。このあり方はノブレス・オブリージュにつながります（ノブレス・オブリージュについては後述します）。『タルムード』のこの律法に近い教えは『コーラン』にもあります。一神教では――すなわちユダヤ教、キリスト教、イスラム教では――「神と私」という縦の関係が強くあります。他人はどうあれ、神と自分との契約によって行動します。「ほかの人はどう考えるだろうか、周りの人はどんな行動を取るだろうか」。そんなことを考えがちな日本人とは大きく違う行動原理です。

こうして見てみると（B）の「一人がパンを食べて、もう一人は食べない」も宗教心があることがわかるでしょう。これはユダヤ教とイスラム教の宗教心です。

仏教では「お供えする」

（C）の「二人ともパンを食べない」は仏教の考え方です。

せっかくパンがあるのに、二人とも食べられないとは、納得がいかないですか。二人とも腹が減るし、ひもじい思いをするじゃないか。そんなふうに思いますか。まぁ、そう思う人が多いでしょうね。

ただじつは、結果としては、仏教では二人とも食べることになります。どういうことかというと、一度、仏壇にすべてのパンをお供えするのです。パンを仏様に供えると、そのパンは仏様のものになります。もう二人のものではありません。二人の所有権は放棄されたと考えます。

しかし、仏様はパンを食べませんね。それで仏様は「あなたたち、このパンをお食べ」と言ってくださって、二人にパンを分け与えます。二人いるのだから半分こして、仲良く食べればよいのです。だから、結果的には（A）の「パンを半分に分ける」になるのです。

しかし、考え方としては(A)、すなわちキリスト教と異なることがわかりますね。

たとえば、子供のおもちゃの場合はどうでしょうか。親の友人が子供たちにと言って、怪獣のおもちゃを一体、プレゼントした。怪獣はひとつだけ。となると、兄弟二人には行き渡りません。

この場合も、怪獣のおもちゃを仏壇に一度お供えします。「仏様、ありがとうございます」と言って。

ところが、怪獣のおもちゃは二つに分けられないですね。右腕だけ弟に、というわけにもいきませんから。

じゃあ、どうするか。お兄ちゃんに渡す。弟に渡す。兄弟二人で共有する。……いずれでも構いません。

たとえば、兄が弟に「このおもちゃは仏様からいただいたものだよね。おまえに譲るよ。大事に使えよ」なんていうのもいいですね。もちろん、二人のものとして仲良く使うのもすばらしい。

ともかく大事なのは、仏様に供えて仏様からいただき、それを使わせていただくことです。

ところが、今の日本人には宗教心がないから「一郎、おまえはお兄ちゃんなんだから、パン、一人で食べないで弟に半分あげなさい」と、親が言ったりする。あるいは「次郎、おまえは弟なんだから、おもちゃはお兄ちゃんに渡しなさい」なんていうことを言ったりする。

これらは宗教ではありません。何かと言えば道徳です。理由は「兄だから」「弟だから」といった程度。あるいは「弟がかわいそうでしょ」とか、その程度です。

こうなると、蔑《さげす》みの目で人を見るようになります。物を持っていない人はかわいそう、貧乏な人はかわいそう、年寄りはかわいそう、身体障害者はかわいそう……そんなふうに思うようになります。

裏返せば、自分のほうが上である、あるいは上の立場に立とうとする。道徳を操る立場に立とうとする。宗教心がないと強者の論理がまかり通ることになってしまう。人間ではなくアニマルになってしまいます。

パンを増やす発想に宗教心はない

選択肢がもうひとつありましたね。(D)の「パンをもうひとつ買ってくる」です。四つの中でこれだけ宗教心がない、と書きました。これは宗教とは関係のない「世間の生き方」です。

もうかなり前のことですが、小学生を集めて仏教などの話をしたことがあります。そのときも、この「二人の人と一個のパン」の話をしたのですが(小学生向けに少しアレンジしましたが)、わたしは(D)の「パンをもうひとつ買ってくる」は選択肢に加えていませんでした。宗教では考えられないあり方なので、入れていなかったわけです。

そうしたところ、ある小学生が「答えがもうひとつあると思う」と言い出したのです。聞いてみると、「お父さんかお母さんに言って、パンをもうひとつ買ってもらう」ということでした。ほかの子供たちも、うんうん、などとうなずいていました。

考えてみると、わたしが子供のころは「パンをもうひとつ買ってくる」という発想は、少なくとも子供なら誰も思いつかなかったでしょう。でも、最近の（といっても、けっこう前ですが）子供たちは「パンを増やす」という発想ができるのです。

この話を聞いて、あなたはどう思うでしょうか。ある人は「賢いですね」と言いました。なるほど、そう思うのか、というのがわたしの気持ちです。確かに今では「賢い」「頭がいい」「発想が豊かだ」などという感想を抱く人も多そうです。

しかし、わたしの印象は違います。少しきつい言い方ですが、「欲深いな」と思います。

これはなにも、この小学生個人を批判しているのではありません。小学生のくせに生意気だ、などと言いたいのでも、もちろんありません。そうではなく、世の中全体がこのような発想をするようになったということです。大人が「もっと、もっと」と欲深くなったのですから、子供もその影響を受けるのは道理です。

戦後、とりわけ池田勇人が首相になった一九六〇年以降は、エコノミック・アニマルの道をひた走った、と第1章で書きました。池田は所得倍増論を唱え、国民の多くはそれを支持しました。つまり、カネとモノを追い求める生き方をよしとしたのです。

考えてみてください。所得倍増とは、まさにパンを増やすことです。ないのなら、ない中でどうするか考えよう、というのではなく、ないのなら増やそう、ということです。
少欲知足――欲望を少なくし、足るを知ること――を説く立場にあるはずの仏教者も世の風潮にのり、経済的利害に与《くみ》するようになっていきました。仏教者だけではありません。戦後、とりわけ一九六〇年以降、ほとんどすべての宗教者が経済優先で考えるように変わっていきました。そして、日本の社会から宗教心がどんどん失われていったのです。

宗教心がないと、強欲になる

経済的に貧しい時代は、二人にパンが一個という状況でした。それどころか、三人、五人、十人……いるのに、パンはひとつしかないというときもあったでしょう。

しかし、経済が発展するにつれて、各自にきちんとパンがひとつずつ行き渡るようになり、いつしか二人にパンが五個くらいある状況になりました。今はまさにそうですね。パン、つまり食べ物が有り余っているのです。コンビニエンスストアでもスーパーでもデパートでも、毎日毎日、大量の食べ物が捨てられています。もったいない限りです。

二人にパンが五個ある場合、キリスト教の教えのとおり半分こしたら、一人、二・五個のパンを受け取ることになりますね。仏教の教えでも、結果的には半分に分けることになるでしょう。

ユダヤ教やイスラム教では、一人が五個全部のパンをもらうことになるんじゃないか、と思う人もいるかもしれませんが、この場合はノブレス・オブリージュの考えが強く働きます。勝者の責務、高貴なる者の責務を果たさなくてはいけません。

ところが、今の日本はどうですか。個人も企業も、がめつく儲けるだけ儲けて、それを自分のフトコロにしまい込んで、ニンマリしている。そういう輩《やから》ばかりではありませんか。「ばかり」というのが言いすぎだとしても、金儲け主義者の大半はそういう人でしょう。

とくに小泉内閣時代の日本はひどかったですね。小泉純一郎は総理大臣のとき、さまざまな「改革」を行なって、経済格差をどんどん広げていきました。五個あるパンを一人が四個、もう一人は一個しか受け取れない状況をつくったのです。それを自己責任だなどと称して。

この流れはとどまるところを知りません。四個のパンを得た人はパンをさらに欲しくなる。「もっとよこせ」と言って、貧乏人からさらに〇・五個くらいぶんどって、四・五個にしようとしている。これが小泉改革以降の日本で起きていることです。

バブル経済が崩壊して以降の日本は、経済状況がかなり厳しくなりました。そうした中では、職種によっては二人の人に仕事がひとつしかない、という状況も起きています。この場合、二人とも働いて、それぞれ労働時間を半分にして、給料も半分にするのは「パンを半分に分ける」ことと同じです。しかし、現実の日本では、一人をリストラして、残った一人に仕事を与えています。

どうしてこういうことが起こるのか。それは「今の日本人に宗教心がないから」、もっと言えば「今の日本に宗教がないから」にほかなりません。

日本にノブレス・オブリージュはあるか

これまで何度か書いてきた〝ノブレス・オブリージュ〟という言葉の持つ意味について、

少し詳しく見てみましょう。

ノブレス・オブリージュはフランス語で「高貴なる者の義務」という意味です。高貴な者は義務も大きいという思想です。

ノブレス・オブリージュの典型は、一九八二年にイギリス軍とアルゼンチン軍が衝突したフォークランド紛争で見ることができます。このとき、イギリスのアンドルー王子はすぐに従軍して最前線に飛び出していきました。

アンドルー王子はイギリスの女王、エリザベス二世の息子です。当然、ふだんは庶民とはかけ離れた生活をしていることでしょう。しかし、いったん国に大事があれば、真っ先に国民の先頭に立って戦場に向かったのです。

わたしはもちろん戦争に賛成するわけではありません。ただ、国家の一大事の際、上に立つ者がどういう行動を取るかを考えてほしいのです。

また、第一次世界大戦と第二次世界大戦の戦死者の統計を調べてみると、イギリスでは、貴族出身の将校のほうが平民出身の兵士よりも戦死率が高いことがわかります。

一方、先の戦争での日本軍では、お偉いさんやその息子たちは弾《たま》の当たらない場所に配置されていました。皇室の人たちも同様です。皇太子が戦場の最前線で指揮を執ったなど聞いたことがありません。

身分や地位が高いということは、それだけ求められることも大きいのです。それは経済的・金銭的に恵まれた人にも言えることです。

「俺が稼いだカネだ。どう使おうと俺の勝手だ！」

こう豪語する人がいますが、ほんとうにそうでしょうか。少なくともこの人に宗教心はなさそうです。

仏教では、お金は仏様からの預かりものと考えます。この人のものでも、あなたのものでもありません。仏様から預かっているものです。この人の命も、あなたの命も、あなたの子供の命も、やはり仏様から預かっています。

また、『新約聖書』の中には「神はある人には一タラントン預けられ、別の人には二タラントン、さらに別の人には五タラントン預けられた」というくだりがあります。神が人にお金を預けたのであり、そのお金はみんなのために使いなさい、と教えているのです。

俺は身分が高いんだ。偉いんだ。わたしは大金持ちだ。お金はわたしが好きなように使う。……こんなふうに思っている人は極めて反宗教的です。まともな人生は送れないかもしれません。

唱歌『あめふり』の優しさ

『あめふり』という唱歌があります。作詞は北原白秋、作曲は中山晋平で、大正時代につくられました。多くの人にとって、なじみ深い歌だと思います。歌詞を書き出してみるので、読んでみてください。

あめあめ　ふれふれ　かあさんが
じゃのめで　おむかえ　うれしいな
ピッチピッチ　チャップチャップ
ランランラン

かけましょ　かばんを　かあさんの
あとから　ゆこゆこ　かねがなる
ピッチピッチ　チャップチャップ
ランランラン

あらあら　あのこは　ずぶぬれだ
やなぎの　ねかたで　ないている
ピッチピッチ　チャップチャップ
ランランラン

かあさん　ぼくのを　かしましょか
きみきみ　このかさ　さしたまえ
ピッチピッチ　チャップチャップ
ランランラン

ぼくなら　いいんだ　かあさんの
おおきな　じゃのめに　はいってく
ピッチピッチ　チャップチャップ
ランランラン

「じゃのめ」というのは蛇の目傘のことです。「ねかた」は「根方」で、ここでは柳の木の根元のあたりのことですね。

母親に迎えに来てもらった子供が学校から帰る途中、雨にあたって、ずぶ濡《ぬ》れになっている子を見かけます。自分は母親が持ってきた大きな蛇の目傘があるから、どうぞ僕の傘を使ってよ。これはそういう歌ですね。

どうですか、この歌に何を感じますか。わたしは宗教心を感じます。たとえば、神道——やまと教——の「優しさ」や「ともいき（共生）」を感じます。

しかし今の日本ではどうですか。こうした優しさ、もっといえば、宗教心はありますか。

相合い傘が禁止される異常

非常に驚くような話を聞いたことがあります。相合《あいあ》い傘《がさ》を禁じている小学校があるというのです。理由は何かわかりますか。

一本の傘に二人で入る。これが相合い傘ですよね。となると、二人ともかなり濡れることになります。とくに子供は傘をさすのがあまり得意ではありません。右に行ったり、左に行ったり、振り向いたり、しゃがんだり。興味の赴くまま動き回ります。そうなると、傘をさしていても、ずぶ濡れになるなんてことも起こりそうです。

こうしたことが起こるものだから、親が学校に抗議をするようになったのです。

「うちは天気予報もしっかり確認して、子供に傘を持たせるかどうか判断しているんです。朝晴れていても、途中から雨が降りそうなときは、ちゃんと傘を持たせているんです。それなのに帰ってきたら、ずぶ濡れ。子供に聞くと、友達を傘に入れて相合い傘で帰ってきたというじゃないですか。どうしてうちの子がよその子の犠牲にならないといけないのですか。風邪《かぜ》をひいたら、どうしてくれるんですか。傘を持ってこなかったのは、その子と親の責任なんじゃないですか」

こんなことを言う親がいるのです。それで、学校はたまりかねて「相合い傘禁止令」を出すようになったというわけです。

実際、雨の中、小学生が二人、一緒に帰っているのに、一人は傘をさして、もう一人は濡れながら帰っているのを見たという話もあります。しかも、その人は一度ならず、何度も見たそうです。「今どきの子供は一緒にいる友達がずぶ濡れになっていても平気なのかな」と、その人は思ったそうです。

『あめふり』が描く世界とは雲泥の差がありますね。先ほど見たように『あめふり』には「かあさん　ぼくのを　かしましょか　きみきみ　このかさ　さしたまえ」という歌詞があります。

「お母さん、僕の傘をあの子に貸しましょうか」。この子はそう言っています。それに対する母親の返答は歌詞にはありませんが、おそらく「そうだね、そうするのがいいね。そうしてあげなさい」と、そんなことを言っているのでしょう。それで、傘を持っている子供は「君、この傘をさしてよ」と言うわけです。この親子には宗教心があると思いませんか。

昔は傘を買えない家も多かったのでしょう。しかし、今では傘が買えない家などごくわずかしかないと思います。数百円の安い傘もたくさん売られているし、飲食店やスーパー、コンビニエンスストアなどの傘立てには多くの傘が置き忘れられています。

日本国内における傘の総販売本数は、年間で一億〜一億三千万本といわれるようです。日本の人口は一億二千数百万人ですから、それとほぼ同数。となると、赤ちゃんからお年寄りまで日本人の全員が毎年一本ずつ購入している計算です。食べるものでもないのに、すごい購入数です。

「衣食足りて礼節を知る」という諺がありますね。しかし、どうもこの諺は間違いのようです。正しくは「衣食足りて心すさぶ」とか「衣食足りて人を蹴落とす」などといったところでしょう。「知る」という言葉を生かすなら「衣食足りて競争心を知る」でしょうか。残念な国になってしまいました。

第6章

宗教心のある暮らしへ

日照権を奪われたと考える現代人

第4章に大正時代生まれの女性から聞いた話を書きましたね。これも大正時代に生まれた人から聞いた話です。

大正時代生まれのその男性は、子供のころ、海沿いに建つ見晴らしのいい家に住んでいたそうです。二階からは海を臨め、帆掛け舟が見えることもあったようです。想像するに、絵のような素敵な眺めですね。

ところが、家の前に別の家が建って、二階に上がっても海が見えなくなってしまった。「お父さん、隣の家が建って、見晴らし悪くなったね。あんな家、燃えてなくなってしまえばいいのに」

あるとき、その男性はそう言ったそうです。子供だから、思ったまま口に出したのでしょう。

そうしたら、お父さんは烈火のごとく怒ったそうです。

「人様が喜んで、一所懸命に建てた家に何を言うんだ！」

男性はそう言われて、ゴツンと殴られたそうです。

彼は当時を振り返り、「父は偉かった」「明治生まれの人は偉かった」と言いました。電車の中でのゴミの話をしてくれた女性も同じように言っていましたね。わたしもお二人の父親は偉かったと思います。明治生まれの人には宗教心がまだあったと思うからです。他人を思いやる心、優しい心があったからです。

しかし、今はどうでしょうか。同じ事態に親は何と言うでしょうか。

「お父さんもガッカリしてるんだ。見晴らしがいいのも、ここに家を建てた理由だったからな。どうにかならんものかな」

こんなことを言って、子供に同調するのではないでしょうか。

それどころか、今の世の中、眺望《ちょうぼう》権や日照権を主張する人が大勢います。近くにマンションが建った。おかげで眺望権も日照権も奪われた。そう言って訴訟を起こしたりします。

町全体の景観を大事にするという考えはわかりますが、自分の利益だけを主張するのは、いかにも得手勝手です。他人への思いやりも優しさもまるで感じられません。宗教心が欠けているのです。

神様を追い返した少年

インドの民話を二つ紹介します。これらの民話からも宗教心とは何かがわかると思います。

ある少年が父親に「お父さん、僕、神様に会いたいんだ」とよく言っていました。

それに対し、父親は「おまえが優しい心持ちで生きていると、いつかきっと神様が会いに来てくださるよ」と教えていました。

ある日、少年が一人で留守番をしていると、そこに見知らぬおじさんが訪ねてきました。みすぼらしい身なりで、貧しく、怪しい感じ。

そのおじさんは言いました。「坊や、わしに何か恵んでくれぬか。お願いだから何か恵んでください」

「今、お父さんもお母さんも留守なんです。だから僕にはわかりません」

少年はそう答えました。

「坊や、おこづかいはあるかい？　あるのなら、少し分けてはくれないか」

「僕、おこづかいはないいんです。持っていないです」

ほんとうはあるのに少年はウソをつきました。

しばらくして、お父さんが帰ってきました。

「お父さん、今日、知らないおじさんがやってきたんだけど、僕、うまく追い払ったよ。なんか貧しそうな人で、『おこづかいを恵んでくれ』って言われたけど、ウソをついて断わったんだ」

少年は得意げに話しました。

「そうか、神様が来てくださったんだな。おまえ、残念なことをしてしまったな。神様を追い払ってしまったんだよ」

少年はしょぼくれてしまいました。

「僕、神様にもう会えないの？　どうしたら、また会えるの？」

反省して、父に尋《たず》ねました。

「そうだな、優しい心を持ち続けていれば、神様はまたきっと来てくださるよ」

父はそう答えたのでした。

優しい心を持つということ。これも、まさに宗教心ですね。

大金持ちと貧乏人の幸せ

さて、もうひとつのインドの民話です。これはわたしがインドに行った際に購入した民話集に載っていました。紹介してみましょう。

あるところに九十九頭の牛を持っている大金持ちがいました。牛をあと一頭手に入れるとキリのいい百頭になります。「あと一頭、なんとか手に入れたいものだ」。そう考えた大金持ちは、わざわざオンボロの服に着替えて貧乏人になりすまし、幼なじみの家を訪ねに行きました。

幼なじみの家には、牛は一頭しかいませんでした。細々《ほそぼそ》ではありましたが、妻と仲良く暮らしていました。

そこに大金持ちがやってきて言います。

「おまえはいいなぁ、牛がいて。わが家は落ちぶれてしまって、子供に食べさせてやるものもない。どうだろう、幼なじみのよしみで、俺を助けてくれないだろうか」

「あぁ、そうだったのか……」

幼なじみは気のよい男です。

「君と僕とは子供のころ、よく遊んだのに、離れて住むようになってからは君のことをすっかり忘れていた。すまない。君がそんなに苦労していたとは、まったく知らなかった。友達として恥ずかしいよ。

うちは牛がいなくても、女房と力を合わせて働けばなんとかなる。よかったら、うちの牛を連れていってくれ。それでどうか子供にミルクでも飲ませてやってくれ」

大金持ちの男は大喜び。「ありがとう。助かるよ。これでなんとかやっていけるよ」。そう言って、牛を連れて帰りました。そして、その晩、彼は「あぁ、キリのいい百頭になった」と喜んで眠りにつきました。

同じころ、友達を助けることのできた男も床につきました。「あぁ、よかった」と喜びながら。

さぁ、どちらの男の喜びが本物でしょうか。この民話もそう問いかけていました。

ひと晩の喜び、一生の喜び

わたしはこの民話を読んだとき、ハッと目が開かれる思いでした。

牛を九十九頭持っていた男も、牛を一頭しか持っていなかった男もともに喜んでいます。

しかし、大金持ちの男の喜びはひと晩だけです。翌日、目が覚めると彼は思うでしょう。

「よし、昨日で牛は百頭になった。今日からは百五十頭をめざしてがんばるぞ」と。

百頭の牛からすると、百五十頭の牛はマイナス五十頭です。これはゼロ以下の数字です。

マイナス五十頭をマイナス四十頭にし、マイナス三十頭にし、ゼロまで持っていくために大金持ちの男はあくせく、ガツガツ、イライラしながら、日々働かなくてはいけません。

あくせく、ガツガツ、イライラしながら働いて、それで百五十頭にできるかどうかわからないけれど、できたところで、それもひと晩の喜び。次は目標、二百頭、二百五十頭、三百頭……となるはずです。

では、一方の一頭の牛を友達に譲った男の喜びはどうでしょうか。一頭いた牛はいなくなった。でも妻と二人、力を合わせて働ければいい。そう思っている。困っている友達のために牛を譲り、その友達は安堵《あんど》している。その姿を見て自分もうれしい。

生活は前よりも苦しくなるかもしれない。でも、それは生活の問題。妻と一緒に働き、のんびり、ゆったり、楽しく過ごせればいい。それはこれからも変わらずにできる。

もう一度、問います。どちらの男の喜びが本物でしょうか。そして、どちらの男が幸せでしょうか。

大金持ちの男の喜びは、ひと晩だけです。翌日からはまた「あくせく、ガツガツ、イライラ」の日々が始まります。心の平穏はありません。

一方の牛を譲った男はこれまでも、牛を譲った日も、そのあとも、ずっと心は満たされ続けています。のんびり、ゆったり、楽しく生きています。

もうわかりますね。本物の喜びを味わい、毎日、幸せを噛《か》み締めて生きているのは、牛を譲った男のほうです。そして彼は、宗教心のある生き方をしています。

ここで、もうひとつ気がつくことがあります。それは、この大金持ちの生き方は先に紹介した（D）の生き方、つまり二人の人間がいて、パンがひとつある場合、パンをもうひとつ買ってくる生き方と同じです。宗教心のない生き方ですね。

そして、それはまさに今の日本人の生き方でもあります。牛を九十九頭持っているのに、どうにかしてもう一頭欲しい。友人をだましてでも、他人を蹴落としてでも、周りに迷惑をかけてでも、あと一頭欲しい。望んだ一頭が手に入ったら、さらにあと一頭、あと一頭、あと一頭……と欲しくなる。キリのない欲望を抱いています。

三百万円貯まったら五百万円欲しくなる、五百万円貯まったら八百万円欲しくなる、八百万円貯まったら一千万円欲しくなる。三店舗出店したら、次は五店舗、五店舗出店したら次は十店舗、十店舗出店したら、次は三十店舗出店したくなる。もっと、もっと、もっととキリがない。まさにエコノミック・アニマルです。

おいしいものを食べるより、おいしく食べる

たいていの人は食べることが好きですよね。「食べるのなんか嫌いだ。時間の無駄だ。腹もめったに空《す》かん」なんていう人も、探せばいるかもしれませんが、まぁ、稀《まれ》でしょうね。

天ぷらそばに鍋焼《なべや》きうどん、お好み焼きにもんじゃ焼き、カレーライスに鰻丼《うなどん》、お寿司にしゃぶしゃぶ……考えただけでよだれが出てきそうになる人も多いはずです。おいしいものを食べると、人間、幸せを感じますからね。

今、わたしは「おいしいものを食べると」と書きました。確かにおいしいものを食べるとうれしいし、幸せを感じるものです。でも、何かを食べるとき、おいしいものを食べるより、もっとずっと大事なことがあるとわたしは思っています。それは「おいしく食べる」ことです。

わたしは三十代前半のころ、年配の編集者に誘われてお酒をよく飲みに行っていました。しばらく飲んでいると、その人はいつもへべれけに。それでも、まだ飲みたがる。でも、時間も遅いから、わたしが「そろそろ帰りましょう」と言うと「もう一本だけ」と。タチの悪い酔っ払い状態です。

それでビールを一本頼んだものの、へべれけだから飲めない。「ひろさん、あんた、飲め」。こうくる。「いや、僕はもう飲めません」。わたしもそう返す。実際、もう飲めませんからね。「残すともったいないじゃないか。いいから飲め」と、またこうくる。だったら、注文しなければいいじゃないか。そう思って、わたしも言い返します。

そんなこんなで、最後はグダグダ。わたしはビールもお酒も好きだし、それらはおいしいものですが、こうなると、まったくおいしくないですね。

豊かになって、食べ物も飲み物も有り余るようになった。その結果、食べられない分量まで注文して残してしまう。あげく言い争って、気まずくなる。これも「衣食足りて心すさぶ」の一例です。

繁華街やデパートの飲食店街を歩いていると、レストランやラーメン屋の前に長蛇の列ができているところにしばしば出くわします。そこのお店がテレビなどで紹介されたのでしょう。中で食べるため、何人もの人が順番を待っているのです。彼らはその店で「おいしいもの」が食べられると信じているのでしょうね。ご苦労なことです。

食事をするのに行列に加わって待つなどということは、わたしには考えられません。そんなことをするより、空いている店にサッサと入って、おいしくいただきます。よりおいしいと思われるものを求めて、あっちに行き、こっちに行きなどしないで、適当な店に入って、おいしくいただきます。そのほうが実際おいしいのです。

第3章で、お兄ちゃんと妹が学校に行っているときには絶対におやつを食べない子供の話をしましたね。この子は、おいしいケーキを丸ごと一個食べるのではなく、お兄ちゃんや妹と一緒に少しずつケーキを食べるのがおいしいのです。一人でおいしいケーキを全部食べてもおいしくない。おいしいものでも、おいしくないのです。

宗教をいくら学んでも、宗教心をどんなに持っても、おいしいものを食べることはできません。キリスト教の信者になったからといって、高価なビーフステーキを食べられるわけではないし、仏教の勉強をしたからといって、山の幸、海に幸にありつけるわけでもありません。ユダヤ教でもイスラム教でもヒンドゥー教でも同じです。ただし、食べ物をおいしくいただくことはできるようになります。宗教を学ぶことで、おいしくいただけるようになるのです。これもまた、宗教心がなすことです。

できる範囲でよいから、損をしなさい

わたしたちに人間の生き方を教えるもの、人間らしく生きるにはどうしたらよいかを教えるもの、それが宗教であると、わたしは考えています。人間らしい生き方とは、利益をむさぼる人生、どうやったら儲けられるかを考える人生、得することを考える生き方ではありません。効率を追求する生き方でもありません。

むしろそれらの反対。損しなさい。効率なんか重要ではない。宗教はそう教えています。あなたができる範囲で構わないから損をしなさい、と宗教は教えています。

こんなことを大阪の人間に言うと、どんな反応が返ってくると思いますか。「そうですね、損して得取れ、って言いますモンね」。こんな答えが返ってきます。でもそれは得することを考えているでしょ。そこに宗教心はまったくありません。

まぁ、これは大阪人のノリとして置いておいて、思い起こしてほしい。二人いて、パンがひとつしかないときの生き方を。自分は傘を持っていて、友達が傘を忘れてきたときの

態度を。わが家の前に別の家が建って、景観が悪くなったときの対応を。自分の得を取るべきか、それとも別の視点で考えるべきか。何が宗教心のある生き方なのか。

わたしは基本的には「うどん屋の釜」を自称しています。エッ、なんのことか、わからない!? そうですね、これだけではわかりませんよね。

ひろさちやは、うどん屋の釜。その心は、うどん屋の釜は湯ばかり。そう、言《ゆ》うばかりです。

でも、時には実践することもあるんですよ。その例を次の項から少し紹介してみます。

損をしたら、気持ちがいい

少し前、東京の八王子市にあるお寺に講演に呼ばれました。そのお寺は駅から徒歩十分ほどのところにありました。

普通なら歩いていきますが、駅に着くと、約束の時刻まで十五分ほどになっていました。間に合うかどうか微妙だなと思って、タクシーに乗ることにしました。タクシーなら五分くらいで着くだろうと思って。

　お寺からは事前に地図を送ってもらっていました。その地図には道順まで丁寧に書いてあります。運転手さんに渡して、これで大丈夫だろうと思って、安心してタクシーに乗っていました。

「お客さん、着きましたよ」

「ありがとう」。よし、ほんなら行こうか。そう思って、着いたところを見てみると、禅宗のお寺。わたしがその日、行くことになっていたのは浄土真宗のお寺。全然違うところに着いたのです。

「ここ、違いますよ。ここじゃないですよ」

　そう言うと「あっ、そうですか、すみません。あれっ、どこだろ……」。まるで頼りない。仕方がないから、元の場所の駅まで戻ってもらいました。「もういっぺん戻って、地図どおりに行ってくれ」。わたしは少々、というか、かなり腹が立って、そう言いました。

「ヘンな道、行ったんじゃないの?」。そう聞くと「はい、すみません」。まったくよけいなことをしてくれたものです。

運転手さんはメーターを初乗り運賃の七百十円のままにして、タクシーを走らせました。この点、良心的ではあります。でも、わたしは内心、ムカムカしています。

ようやくめざしていたお寺に着いたときは、約束の時刻を五分過ぎていました。これなら歩いていったほうが早かったくらいです。

料金は七百十円。はて、どうしたものか……。

わたしは日頃、講演などでも「損しなさい。それが宗教の教えです」などということを言っています。それで考えました。

「運転手さん、ありがとう」。そう言って、わたしは千円札を渡しました。そして「おつりは要らないから。とっておいて」。そう言い添えました。

運転手さん、エッと驚くような顔をしましたね。でも、恐縮しつつ「ありがとうございました」と言って、受け取ってくれました。わたしも「ありがとうございました」と言って、タクシーを降りました。

このとき、わたしは気持ちがよかった。さっぱりした気分になった。イライラした気持ち、ムカムカした気持ちはスッと引いて、さわやかな心持ちになった。

これがおつりの二百九十円をしっかりもらって、「なんだ、この野郎！　おまえのせいで、遅れてしまったじゃないか」と思いながら、タクシーをあとにしたらイライラもムカムカも、その後しばらく引きずることになったでしょう。

しかしわたしは日頃、自分が言っている「ちょっと損するくらいがいい」という言葉を思い出して、それを実践してみた。すると気分がよくなりました。

運転手さんだって、よい気持ちになったと思いますよ。「このお客さん、もう怒っていないんだ。許してくれたんだ」。そう思って、安心もしたことでしょう。

じつはこれは、明治生まれの先輩に教わったことでもありました。「タクシーなどに乗って腹が立つことがあったら、お金をよけいに払って降りろ」と、その人に言われたのです。それを実践した出来事でもありました。そしてこの対応は、問題に対する仏教的な解決法、宗教的な解決法でもあるのです。

気持ちがラクになる生き方

愛知県のある大学から講義を依頼されたときにも、おもしろい体験をしました。一回だけ授業をしてほしいと、その大学から頼まれました。

講師料は十万円を提示されました。ありがたく思って引き受けました。

ところが、ずいぶん経って、講義当日が近づくと「交通費込み」という。わたしはその大学の近くに住んでいるわけではありません。東京から行くのです。往復、何万円かの交通費がかかります。それを考えると、なんかムカムカしてきました。旭川から行っても鹿児島から行っても交通費込みか、と腹が立ってきました。

でも、しばらくすると、まぁいいか、という気持ちになってきました。何万円かの交通費。ええか、どうでも。損してもいい、構わない。そう思ったとたんに気持ちがラクになったのです。

もしこういう気持ちにならずに講義をしていたら、講義中も「安い講師料だけど、引き受けたのだから仕方ないか……」と、なんとなくモヤモヤした気持ちを引きずったまま学生たちに話をしていたかもしれません。そんなことになったら、誰のためにもなりません。損してもいい、損しても構わない。そう思うことで、わたしの気持ちはラクになって講義もうまくいったのです。

ところが今は、こう思える人がずいぶん少なくなりました。すぐに文句を言ったり、契約を取りやめたり、場合によっては、損害賠償を請求したりする人が増えました。でも「ちょっとくらい損をしてもいい」と思うだけで、生きやすくなることはずいぶんあるものです。

一億円以上盗まれたことがあった

わたしの話をもう少し続けましょう。わたしは以前、家に置いておいた一億ナンボの現金を盗まれたことがあります。「一億ナンボ」と書いたのは、正確な金額はわからないからです。ただ、少なくとも一億円はありました。

気象大学校の教鞭を執っていた三十代後半のころから、わたしは本を書き始めました。国家公務員としての給与をもらい、その上、本の印税も入ってくるようになりました。わが家には余裕があるし、世の中に何かお返しをしたいという思いもあって、印税の十分の一を積み立て、ある程度貯まると慈善事業団体などに寄付していました。

それでも、わたしのお金はどんどん貯まっていきました。本が売れるようになった上に、わたしはゴルフもギャンブルもやらないし、別荘も車も持っていない。だから、お金は貯まる一方でした。寄付する印税の額を十分の一より増やしても、お金は余る。そんな状況でした。

あるときには、わが家の菩提寺《ぼだいじ》に一千万円を寄付したこともあります。すると、税務署の職員が飛んできて、「この一千万円はなんだ!?」と言う。銀行の預金を下ろしたのを把握したのでしょう。「寄付した」と答えると「どこに?」。「お寺だ」と言うと「なんという寺だ?」「場所はどこだ?」と、いちいちうるさい。あげくには「そういうお金は子供への贈与と見なす」ときた。ちゃんと働いて稼いで、税金もきちんと納めているのに、いったいなんなんだ、と思いましたね。

そのころわたしは、インドに学校をつくることを思い立って、そのためのお金も貯めていました。もしわたしが志半ばで死んだら、インドの学校のことはわたしの子供たちに頼もうと思っていたのですが、「税務署騒動」があってから、相続税のことが気になり出しました。つまり、子供たちにお金を渡して学校づくりを託すと、子供たちに相続税がかかってしまうのではないかと思ったのです。それではかわいそうだなと思って、一億円以上のお金を銀行に預けずに自宅に置いていたわけです。「もしもの場合は、このお金はインドの学校設立のために使ってほしい」と子供たちに言って。

そんなある日、学校設立のためにお金を寄付するつもりであることをインド人の知り合いに話しました。すると彼はわたしにこう言ったのです。「学校をつくるのは一億円もあれば十分だけど、先生たちの給料や運営資金を考えると、一億円では足りない」と。

そうか、一億じゃ、足りないのか……。わたしは少しガッカリして、それでも、もう少し貯めようと思い直しました。泥棒が入ったのは、それからまもなくしてのことだったのです。

仏様がされたこと

家を留守にしている間に、一億円以上盗まれた。そのとき、真っ先に思ったのは「仏様がお金の保管場所を変えられた」ということです。

そして、思いました。

「おまえ、バカなことをするな。インドに学校をつくるなんて大変だよ。そんなことをしたらインドに何度も足を運ぶことになる。弁護士も雇わないといけないし、膨大な書類もつくらないといけない。なんでまた、今からそんなことをするんだ。やめておきなさい」

仏様はわたしにそう言っておられると思ったのです。

さらには「おまえの仕事は仏教の本を書くことではないか。おまえは仏教の本を書き続けて、これからもわしの手伝いをしなさい」とも言っておられるように思いました。

それで、インドに学校をつくることはすっかりやめることにしました。寄付も、その後はいっさいしていません。

一億ナンボのお金に未練はまったくありません。なにしろ仏様がお金の保管場所を変えられたのですから。

あの泥棒は仏様のおつかいだったのかもしれません。だからわたしは彼（彼女？）を「泥棒さん」と呼んでいます。呼び捨てにすると失礼な気がするのです。

「おまえな、慈善事業をするなんて、アホなこと、やめとけ」

そう思われた仏様がおつかいをよこしてくださって、わたしに預けていた一億円ほどのお金を別のところに持っていかれたのでしょう。

「その泥棒は今、どうなっていると思いますか?」

そう聞かれたこともあるけれど、わたしはそんなことはいっさい知らないし、考えたこともありません。

仏様がされたことを人間が考える必要はないのです。考えてもわからないですしね。

この盗難の件では、娘からうれしいことを言われました。「お父さん、ごめんね」と娘は言うのです。「なんだ、どうした?」と聞くと「お父さんがお金をインドに寄付しようと言ったとき、わたし、ちょっと欲しいなと思ったことがあるの」。こう言うのです。

娘は言葉を続けました。

「わたしがちょっと欲しいなと思ったから、仏様に叱られたんだね」

この言葉を聞いて、わたしは涙が出るほどうれしかった。この事件はわたし自身、宗教心を改めて考える出来事でもあったのです。

[著者略歴]
ひろさちや
1936年大阪府生まれ。宗教評論家。東京大学文学部印度哲学科卒業。同大学院人文科学研究科印度哲学専攻博士課程修了。気象大学校教授を経て、大正大学客員教授。「仏教原理主義者」を名乗り、本来の仏教を伝えるべく執筆、講演活動を中心に活躍。また、仏教以外の宗教もわかりやすく語り、人気を博している。
著書に『死に方上手～しょぼくれ老人のすすめ』『「死は大事な仕事」しっかり死ぬということ』（中村仁一氏との共著　ビジネス社）など多数。

編集協力／平出浩

宗教心を失った日本人のための
ほんとうの宗教とは何か　青の巻

2015年8月1日　　第1刷発行

著　者　ひろさちや
発行者　唐津 隆
発行所　株式会社ビジネス社
〒162-0805　東京都新宿区矢来町114番地 神楽坂高橋ビル5F
電話　03(5227)1602　FAX　03(5227)1603
http://www.business-sha.co.jp

〈印刷・製本〉中央精版印刷株式会社
〈装丁〉大谷昌稔　〈本文DTP〉茂呂田剛（エムアンドケイ）
〈編集担当〉本田朋子　〈営業担当〉山口健志

ISBN978-4-8284-1830-8

ビジネス社の本

「死は大事な仕事」しっかりと死ぬということ

中村仁一／ひろさちや……著

定価：本体1300円＋税
ISBN978-4-8284-1691-5

人間の生死の極限を覗い二人だから言える「人間の死に方」「医療の傲慢」そして残されたものたちへの辛らつだがためになる「アドバイス」。

最後の死に方が人間にとって一番大事。

終わりよければ人生全て良し。

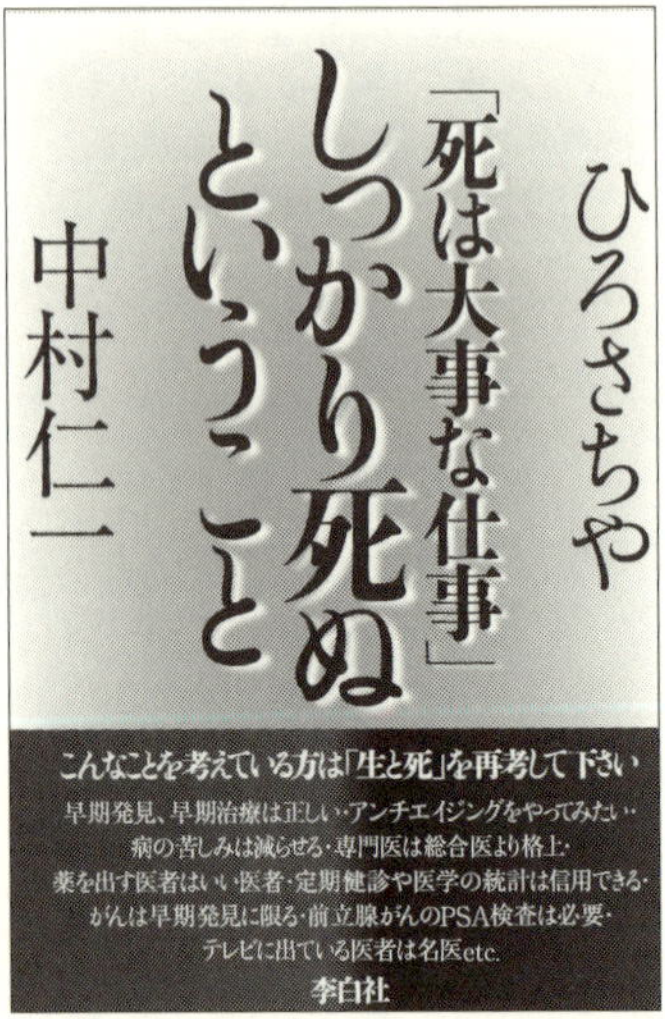

本書の内容